廣義石頭記

苦禪先生藏
金石碑帖題跋選

李燕 編著

學苑出版社

李燕（2016年摄）

李燕简介

李燕，1943年生于北京，字壮北，祖籍山东省高唐县。中央文史研究馆馆员、清华大学美术学院教授、齐白石艺术研究会艺术顾问、李苦禅纪念馆副馆长、中国周易学会副会长、中国美术家协会会员、中国国家画院研究员，是全国政协第九、十届委员。

自幼在其父亲李苦禅大师教导下敬祖爱国，嗜好国学文艺。1958年考入中央美术学院附中，继而升入美院中国画系，专习绘画长达八年，后到北京荣宝斋编辑科工作多年，故学识与功底深厚。其书画远避指端末技之形式主义的幻术，系以大自然天趣合大中华人文内涵形于笔墨，最擅长写意动物与人物。以钩沉补缺之旨作论文，亦时有诗、赋随缘即出，刊诸报章颇有读者。尤擅国学文艺之大型演讲。执教三十三载，师表何如已闻于公论。

著作有《苦禅宗师艺缘录》《艺术大师之路·李苦禅》《亦文亦画书系·李燕集》《李燕画集》《百猴图长卷》《李燕画猴技法》《周易中的哲理》《科学与艺术》《"人文环保"迫在眉睫》《大话宇宙与文明自尊》《以人为本——科学与艺术的根本之道》等，并出版了历史上第一部《易经画传》。

1984年应邀赴日本，其作品在东乡美术馆首次向日本观众展出。1989年应邀赴印度，率先开启《艺术与科学》课题的国际交流与研究。力作《大鹏图》于1999年搭乘中国第一艘试验载人飞船神舟号，成为人类史上首件飞游太空又安然返回的绘画，经公证已载史册"大世界基尼斯之最"。

李燕先生兼为"电视人"，制作了电视史上第一部涵京津各种弹唱曲艺的系列片《胡同古韵》十三集、采访纪实片《爱国艺术家苦禅大师》十集等。亦应中央电视台与地方台多种栏目邀请，作撰稿人与嘉宾上镜，所主持之文化艺术节目语言风格独特，富于文化底蕴，颇得业内人士与观众好评。

李苦禅简介

李苦禅（1899—1983），原名李英杰、李英，字超三、励公。出生于山东省高唐县贫苦农家。曾任中央美术学院教授、中国美协理事、中国画研究院院务委员、全国政协委员等。

1918年有幸得识徐悲鸿大师，得授西画技艺。1919年投入"五四""六三"爱国运动，留居北京，入北京大学之"留法勤工俭学会"并于中文系旁听深造。1922年考入北京国立艺术专科学校西画系专修西画，1923年拜师齐白石大师门下，1930年应林风眠校长之邀任杭州艺术专科学校国画教授，率先将齐派艺术带到该地，并首创以"传统文化之综合的写意之戏——京戏"引进高等美术教育。以罗丹派雕刻启示学生理解"写意手段过程之美"。尤以亲领学生"到大自然里找画稿"，突破了轻写生重临摹的教学模式，开创了写生为本、临摹为用、大胆创造、示范教学的新风。

李苦禅先生是中国写意花鸟画历史上，继宋代法常、明代徐文长、清代八大山人、吴昌硕与近代齐白石之后的又一位统领时代风范的大师。其爱国精神、刚毅性格与"一洗万古凡羽空"的雄鹰意象，给青史留下了浓重的一笔。早在1928年齐白石就预言"苦禅仁弟画笔及思想将起余辈，尚不倒戈，其人品之高即可知矣"。1950年又在李苦禅的画上题道"雪个先生（即八大山人）无此超纵"，徐悲鸿先生则题苦禅先生画道"天趣洋溢""活色生香"。在文化部所致苦禅先生的悼词中，他被高度评为"人民的美术教育家"。

李燕陪同父亲李苦禅视察古人摩崖刻石

序言

中国小说"四大名著"都有"石头缘"。曹雪芹的《红楼梦》也名《石头记》,盖因其"此开卷第一回也。作者自云,曾历过一番梦幻之后,故将真事隐去,而借'通灵'说此《石头记》一书也。"又说女娲氏炼石补天剩下一块未用,弃在青埂峰下……灵性已通……又不知过了几世几劫,因有个空空道人访道求仙从青埂峰下经过,见到此石且石上有字,竟跟这位"石兄"对起话来,听完"石兄"之言便将石头上的字"抄写回来……闻世传奇。从此空空道人因空见色,由色生情,传情入色,自色悟空"云云。

吴承恩的《西游记》又从一块通了灵气的石头开篇,此石轰然爆开,窜出个无父、无母、无任何人间贵胄亲缘的石猴——孙悟空。他立即去学道,学得神通广大之后,为世间打杀的第一个魔头,乃名"混世魔王"。盖因千秋人世之乱,多由大大小小的混世魔王与混世魔虫所搅,正义在心,非除不可,善莫大焉!我由此意画《石猴图》一幅,题诗其上:"藏头蜷身千亿载,一朝石爆震天庭。《西游》亦是《石头记》,翻天覆地方悟空。"

施耐庵的《水浒传》亦以石头为"楔子"开篇。"有个洪太尉上山求道,见一石碣,'前面都是龙章凤篆,天书符箓,人皆不识'。背后却有四个真字大书,凿着'遇洪而开',于是洪太尉便命工人们推倒石碣,下掘三四尺深,见一片青石板前方丈围。即命众人扛起石板,底下却是一个万丈深浅地穴……刮剌剌一声响亮……又见一道黑气,从穴里滚将起来……直冲到半天里……望四面八方去了。"原来是镇锁着的"三十六员天罡星、七十二座地煞星,共是一百单八个魔君"飞往了人间,才化作此书一〇八个人物的故事。

直到金圣叹收尾的第七十回《忠义堂石碣受天文·梁山泊英雄惊恶梦》，又由梁山的大头领宋江在忠义堂前聚集众人，请来道士们筑坛，抬香、设醮器以"行斋事"。"只听天上一声响，如裂帛相似，正是西北乾方天门上（笔者注：此系《易经大传》文王卦的乾卦方向，又是《奇门遁甲》的'开门'方位）。众人看时，直竖金盘，两头尖，中间阔，又唤作天眼开，中间卷出一块火来……竟钻入正南地下去了……跟寻火块，南地下掘不到三尺深浅，只见一个石碣，正面两侧，各有天书文字"，此处金圣叹批道，"一部大书以石碣始，以石碣终，章法奇绝。"当场由一位能译出"天书文字"的道士说："前面有天书三十六行，皆是天罡星；背后也有天书七十二行，皆是地煞星。"下面注着众义士的姓名，于是列出了"天魁星呼保义宋江，天罡星玉麒麟卢俊义……地罡星神机军师朱武、地煞星镇三山黄信……"全盘曝出了梁山泊造反的一○八位好汉，演出了《水浒传》的连台大戏。

这三部小说都是从石头缘起谈神仙事，又借神仙事寓述人间事理。故明人间事理的读者都不会相信"神话"的，只是由于社会历史的局限性，只好借神仙痛痛快快地替芸芸百姓们揭开世俗人间的千古常理而已。然而罗贯中的《三国演义》却并未从石头缘起，去让神仙代言，而是第一回就直言"话说天下大事……"开篇词曰："滚滚长江东逝水，浪花淘尽英雄……古今多少事，都付谈笑中。"直至末尾第一百二十回《降孙皓三分归一统》，吴王孙皓"率诸文武"向晋军归降之处才是"石头城"，唐诗叹曰："西晋楼船下益州，金陵王气黯然收。千寻铁锁沉江底，一片降幡出石头。"

似乎是古人为后人留下了向石头"问话"的一片空间，让后人来钩沉补缺，向传世的石头文字上觅求故事。例如与"三国"有关的石头文字，即从先翁苦禅先生收藏的石头文字拓本上，能读出一些曹家的历史。有曹操书的"衮雪"，有唯一刻有"诸葛亮"三字的魏国《曹真将军残碑》，有记载汉献帝"禅让"江山于曹丕的《公卿将军上尊号奏碑》和《受禅表碑》，以及隋朝的曹氏后代刊立的《曹植碑》。当然还有涉及三国最后一个降主孙皓，企图造一座石头上刻的"神仙之言"，用来欺骗世人的《吴天发神谶刻石》。于是，就在发现曹操墓的那一年，本人写就了一篇《石头三国话曹家》，意在以"言之凿凿"的石头史据，来试补"纸上三国""戏中三国"和"评书三国"中的阙如或"失实"。

其实，自唐宋以降，民间说书艺人以演义的艺术方式讲述的"三国"并非正史，乃是借正史人物之身，与生动巧妙的情节设计，承载了中华传统的人文思想，演出了"孝、悌、忠、信、礼、义、廉、耻"的一番顿挫抑扬。这一切语言艺术在群众中广为流传的过程，也是由群众品评裁判与不断丰富的搜集编纂过程，著之为书，深得一代又一代人们的喜爱，并不当作正史来读。苦禅老人曾讲《三国演义》是靠大众认可的艺术性来弄假成真的，它的效果比真的还真。它把古人许多忠义之事集于关公一身，当然正史并无"千里走单骑""过五关斩六将"等事，但一尊忠义千秋的神圣形象已屹立千秋，为海内外同胞顶礼崇拜。诸葛孔明也无"草船借箭""借东风"等正史依据，但一位高智慧而不谋私利，居高位而忠于国家，鞠躬尽瘁、死而后已的伟岸形象，却得到中外信众的景仰慨叹。这就是艺术的魅力。以至于《三国演义》的剧目，在传统流行剧目中，占有很大的比例。传统戏曲通过中华文明特具的"意象流转"与唱念做打的"表现过程美"，在广大观众中既得到了撼动心魄、回味无穷的艺术享受，又得到了以史为鉴的潜移默化，正如戏台双柱上的楹联所书："唱悲欢离合，古代岂无当代事。演抑扬褒贬，坐中常有剧中人。"当然，这并不止于三国戏，包公戏也成了为官清正、为民请命、刚正不阿的典型，久演不衰。观众无心追究正史上有没有"怒铡负心陈世美""秉公大义铡包勉"与"探阴山查冤案"的记载。因为这类艺术有正义战胜邪恶的人民意志！这才是永恒的戏魄。

家翁李苦禅一生是忠心为国为民的一生，也是全面坚守并发扬中华文明的一生。在他的多方面文化修养中，与中华特有的"金石文化"具有极深的缘分。因此，借这本《广义石头记》将本人撰写有关李苦禅先生坚守并传承金石文化方面的文章，以及苦禅先生藏金石碑帖和题跋相关图片与资料一并裒集，以飨读者。亦企望专家学者对此书的不妥之处不吝指正。谨书此为序。

李 燕

2018年5月1日于首都

目 录

石头三国话曹家 /1
    缘起
    一、曹操挥笔留"衮雪"，威慑朝廷诡称臣 /2
    二、曹丕一心谋帝位　君臣同演劝进表 /7
    三、曹丕忌才曹植悲　子孙立碑犹感慨 /17
    四、曹真并非窝囊废　诸葛大名唯此石 /24

海上丝绸之路的历史明证——泉州洛阳桥石刻 /29

会说话的石头 /33

悟道·共生·天成 /39
    悟道——上下求索 /40
    共生——书画源一体 /42
    天成——金石之美 /45

苦禅先生收藏金石碑帖精选 /47

苦禅先生金石碑帖题跋选 /95

后记 /151

石头三国话曹家

按：我在2010年与央视主持人张腾岳、曲艺演员李菁一起上镜，将此文中部分内容在《千龙网》讲述并播出，听众反应是"听了一段"《三国》里没有的《三国》，很感兴趣。今将此文刊出，以飨读者。

缘起

大家都知道，我的父亲苦禅老人是位国画家，其实他更注重中华传统文化的整体研究。近年来，在举办他的各次画展中，我们与有关媒体都向人们尽量全面地介绍他在传统文化领域中多方面的修养和成就，比如他对京剧并结合于绘画研究的成就，加深并拓展了对写意美学的继承和发扬等等。同时也让"文革"文化断层后过来的年轻观众了解到：我国悠久的绘画历史一再告诉世人，做一个真正的中国画家，理应具备全面丰厚的文化素养。

2010年4月，我们在北京画院全力支持下举办了《苦禅金石缘》的展览。虽然由于场地的关系，仅仅展出了72件藏品与老人的部分题跋手迹，但这也已经引起了很大的反响，特别是引起了业内人士的注视。毕竟在中国画坛，至少已有60多年没举办过类似内容的展览了。国学中的"金石学"对中国近代书画革故鼎新的影响，早应列入"钩沉补缺"的课题了！

社会对此展的热忱关注令我们十分感动，也十分鼓舞——经过"文革"和几十年的变迁，我们保存并整理这些碑帖、手稿和史料所付出的心血，终归得到了广大同仁们的承认、理解和高度的评价。欣慰之余,也十分怅然,不禁回忆起许多帮助苦禅老人整理碑帖的往事。

记得小时候,父亲正在一边指点一边讲述着一张拓片,我在旁边忽然发现有我认识的三个大字——"诸葛亮"!我惊喜地问父亲:"这碑文记的是三国的故事吧?"父亲笑了,说:"是啊!这碑文记述的就是历史、人物、社会风情。历史上有'三国'魏蜀吴,这石头碑文上就能有'三国',后人又编了好多'三国'的故事,口口相传,由说书艺人们说了好几百年;说到了元朝,又编成了'三国'的戏;说到了明朝,让个大才子罗贯中编成了一部书《三国演义》。刘、关、张、诸葛亮……日后能传得家喻户晓靠的就是各路评书家说的'三国'故事和大戏里演的'三国'戏曲,这些可比正史上的'三国'和石头上的'三国'就热闹多了!咱家存的好几种拓片上都有'石头上的三国'啊!这有'诸葛亮'三字的石碑就是其中一件,咱家这份保留的字最多,以后再拓的留下的字越来越少,都让可恶的拓片商人给毁了!拓一次毁几个字,他早拓的就值钱哪!"

从那时起,"石头上的'三国'"就印在了我的心里。多少年过来了,评书"三国"、戏曲"三国"、曲艺"三国"在我的脑中积累了不少,自己讲课时也常常引用,听众很欢迎。这几年,随着"三国"的各种影视片火爆传播,特别是疑似"曹操墓"的发掘报道,又把"三国热"——特别是把"曹操热"推向了新高。然而本人行笔为文往往择选"热中冷"——我就从苦禅老人保存的四份碑拓中聊聊"石头上的'三国'——曹家"吧!

一、曹操挥笔留"衮雪",威慑朝廷诡称臣

通往汉中蜀地的山中有一险道,人称"褒斜道"。在它的南段,永平四年(61年)东汉明帝(刘庄)下诏书开凿了隧道,古人称"石门"。南出石门随与栈道相连,车辆、行人从此通行就便利多了。此处山势险峻,又有褒水湍急,文人墨客途经于此,多有感而发,即兴题文记事于石壁,镌刻留迹,代不乏人。而"建安文学家"曹操路过此处,看到山势之险,目睹石门之下,褒水奔腾,激浪拍岸,犹如雪花翻滚,触景生情,当即挥笔,在石壁之上写下了"衮雪"两个大字,想

"衮雪"刻石

必亦如横槊赋诗。尽兴挥毫之后，曹操并没有落款，但是古往今来似乎没有人置疑此迹。据我现有材料，分析原因有三。

其一，古人说"字如其人"，又说"书为心画"。此二字下笔柔中有刚，雄浑有力，间架充实稳健，"衮"字尤显神采飞扬而极其自信，正是曹操的心迹，似非他人所能为。此二字镌刻甚深，至今清晰无损，自有流传千古的气势。况且当时流行的书体还是隶书。如"魏"作"魏"或正向"魏碑体"过渡的书体，"魏"亦写作"魏"或"魏"。近日发掘的疑似曹操墓中石牌上的"魏"则是这样写的。总之，"衮雪"二字正是当时流行的书体。

其二，在此摩崖刻石旁有宋代宝庆丙戌年（1226年）的一篇题记刻石，记的是几位"徕玩""登石门者"见到了"衮雪"，文中记有保护"衮雪"二字的帖壁碑亭已经坏了："衮雪旧有亭，需复规度"。这篇题字也是模仿汉隶，古拙有趣，但大不如曹操的隶书有气魄。因"重文轻武"丢了半壁江山的南宋，其墨客下笔虽强作隶书，却早已没有炎汉的遗风了！顺便提一下，古时的"衮"字可与"滚"通，杜甫诗句即有"不尽长江衮衮来"的版本。

其三，"衮雪"旁有"魏王"两个小字。大家都知道，这个位高权重的大政治阴谋家早被傀儡皇帝汉献帝"命公赞拜不名，入朝不趋，剑履上殿如萧何故事"（《三国志·魏书》），于建安十九年（214年）封为魏公了。"天子使魏公位在诸侯王上"（《三国志·魏书》），但他自己却是很"客气"，每每当众表白"……人见孤强盛，又性不信天命之事，恐私心相评，言有不逊之志"。他还说："齐桓、晋文所以垂称至今日者，以其兵势之广，犹能事周室也。《论语》云'三分天下有其二，以服事殷，周之德可谓至德矣'！夫能以大事小也。"（《让县自明本志令》）以古之圣贤自比，虚伪地表示："臣蒙先帝厚恩，致位郎署……意望毕足，非敢希望高位，庶几显达。"（《魏略》）因此，曹操他是不会自己在"衮雪"旁题写"魏王"的。不知哪位好事者，在何年何月何日云游至石门，又恐后世不知两字出于何人，在左边镌刻了"魏王"两个小字。然而，既尊称曹操为魏王，必是尊崇并承认其功绩者，且距其生活时代并不远，若已至晋，刻字者应当不会再称其为"魏王"了。及至唐宋，人们便直呼曹操或阿瞒了。

话题还是回到"三国"，到底曹操当年来过石门没有呢？是哪一次题的"衮雪"呢！不妨看看《三国志·魏书》和《曹瞒传》。

建安十九年（214年）十一月，曹操废黜了对他怨恨的汉皇后伏氏，杀其宗族，转年（215年）让自己的女儿当了汉献帝的皇后。三月西征汉中的张鲁，至陈仓，一直打到阳平，已是秋七月了。张鲁军在阳平关"横山筑城十余里"，曹操"攻之不能拔"就假装退兵，张鲁一见曹兵退了，守备也就松懈了。此刻曹操"密遣兵将"乘险夜袭，大破之。张鲁损兵折将，溃逃奔巴中。曹操进军南郑，"尽得鲁府库珍宝，巴、汉皆降"。这场夺财占地盘的西征在建安二十年（215年），应是曹操第一次路过石门。

建安二十四年（219年）春月，曹操领兵，日夜兼程奔赴阳平，再次穿越石门。为什么呢？咱们还得从曹操的家事说起。据吴人写的《曹瞒传》记，曹操父曹嵩是"夏侯氏之子，夏侯惇之叔父"，《三国志·魏书》说"夏侯渊，字妙才，惇族弟也"，所以曹操与夏侯惇"为从父兄弟"，那么夏侯渊也就是曹操的兄弟了，他跟曹操可不是一般的关系，他是为曹氏家族屡立战功的一员大将啊！《三国志·魏书》记得分明，想当年曹操与袁绍战于官渡，夏侯渊任督军校尉，一起打败了强敌袁绍。"又行征西护军……击太原贼，攻下二十余屯，斩贼帅，屠其城（屠杀无辜百姓！）"后又为铲除后患韩遂等敌而征伐西北，战于渭南。夏侯渊又使张郃步骑五千，从陈仓狭道深入，敌军马超未战而走，诸县皆投降。随即一鼓作气大败羌军，大破韩遂，缴获军械、粮谷、牛马甚多。曹操当众褒扬夏侯渊"虎步关右，所向无前……吾与尔不如也。"当时只要在羌胡人面前提到夏侯渊的大名，他们就闻之丧胆！直到张鲁投降，平了汉中，夏侯渊又以都护将军之职，督张郃、徐晃平了巴郡，留守汉中，拜为征西将军。

虽说，"胜败乃兵家常事"，可谁能想到如此威猛的大将军竟败在刘备手下了呢！这就是《三国志·魏书》提到的建安二十三年至二十四年正月，"夏侯渊与刘备战于阳平"，没想到的是，这回夏侯渊拒刘备于阳平关"相守连年"，而刘备夜烧夏侯营寨的围鹿角，挑战护卫东围的张郃，实为牵制张郃，"张郃不利"，诱使夏侯渊分兵一半去助张郃，正遭刘备突袭，夏侯渊一世威名，竟丧此一役！曹操得知此讯，心情如何，不言自明，立即统帅人马，赶去营救。因此我推断这"衮雪"二字应是曹操第一次过石门所为。"言为心声"书为心画，曹操初见石门之下的湍急雪浪，必有新鲜醒神之感，文思如涌，奋笔题壁，是可以想见的。而他第二次过石门，则是悲闻股肱大将夏侯渊战死而趋，至于途中景色，必视而如不见者矣！

曹操入汉中，意在攻取巴蜀，先灭刘备，再伺机攻取东吴消灭孙权，那么其他各路军阀也就会吓掉了魂，俯首听命了。曹操的野心其实是很明白的，欲把天下变成他曹家的天下！不过，心里可以这么想，仗也可以这样打，但不能公开这么说，要这么一说，天下人心就不服了，非把他看成篡汉的奸雄不可。所以，虽然他天天拼死拼活干的是夺天下的勾当，可是名义上还是为了大汉朝而"扫荡群奸"。

"挟天子以令诸侯"极概括而深刻地说明了当时的曹操与汉献帝之间的关系。一个"挟"，一个"令"，形象而生动，即使今人读起来，也能体味汉献帝惶惶不可终日的惊恐与众朝臣不敢越雷池一步的无奈，更让我们感受到的是，曹操至高无上的权力和一言九鼎的威严。汉献帝这皇上可当得真窝囊，没法子啊！军政大权都在曹操手里呀！为了讨好曹操，他下了一道诏书，写得挺长，大意是：从我老祖宗起，就为国家老百姓和子孙着想，封过不姓刘的亲戚，给他们山川土地，让他们当王。到了缺少德行的我这辈儿上，天下分崩离析啦！我害怕呀！多亏老天爷有灵，出了您这么一位大圣贤，奋不顾身，真够仗义的！靠了您的神武才解了我的大难，保住了大汉朝的祖宗庙呀！整个天下的老百姓，凡是能喘气儿的，没有不沾您的光、受您的保护的！您立的大功劳呀，您的忠心呀，早已超过了古时候的大禹与周公那些圣贤啦！可您还对荣誉那么谦虚，越发地温良恭俭让。当初我请您开魏国，就怕您不接受，才暂且委屈您当了上公。后来西边南边的叛逆联合威胁朝廷，您又如龙似虎地去打他们，杀了他们的脑袋又屠了他们的窝儿。您亲自披挂上阵，深入险阻，扫荡了西边，胜旗万里，华夏安宁。您就像那辅佐成就了唐尧、虞舜、周文王、周武王事业的大臣一样英勇豪气！可是像我这样孤单寡德之人，全靠着您给撑着腰哪！我却只给您这么不丰不厚的封赏，真是没脸面对神灵、安慰天下呀！所以我要封您为魏王的爵位，掌兵符，再以丞相的官职掌管整个冀州。如果您能答应我的如上请求，这可真是弘扬我汉朝老祖宗的福气天命啊！

这样的诏书可能是有史以来独一份儿了！一个当皇上的捧着魏王印绶求着曹操接受，可人家曹大爷呢愣是"吃不吃端着"。正儿八经地三次写回信："不接受！""不便接受！""不能接受！"这不接受比接受还让皇上惶恐，于是又三次下诏书让曹大爷"接受吧！快接受吧！你不能不接受呀！"汉献帝假装糊涂，曹大爷心里头可真明白：接受得太露骨了会树敌过多，等于把零散敌人团结在一起，来反对自己。孙权就曾上书曹操，鼓动他早日接受"天命"，曹操多聪明啊！收到孙权的信就给大家去看，说："这小子是成心要我蹲在火炉上烤呀！"一语道破了孙权的阴谋，公开了这番诡主意。

其实，曹操在建安二十二年（217年），他已"受天子之命""设天子旌旗，出入称警跸……"头上能戴十二串冕旒的王冠，车马也和天子差不离，儿子曹丕也当了魏太子。总而言之，这曹操从权位到外在的包装道具，全跟大汉天子不相上下了，只给皇上留了个虚名儿，而曹操呢，却仍旧自称汉朝的臣。其实他是觉得公开篡位还不到时机，这以魏代汉还不是早晚的事儿，只是留给他儿子曹丕去干更好罢了！

220年曹操活到了六十六岁死了。史书记载当年"二月丁卯，葬于高陵"。他死前有遗令，说"天下尚未安定"，不必遵照古人先例，葬礼完了就可以脱去葬服。凡是屯兵守备的兵将，都不得离开原岗位，所有的官员，各就各位搞好本职工作。我曹某入棺材时就穿本人当时所穿的衣服，千万别用金玉宝贵的东西殉葬。其实曹操挺讲实效，这么一来，一是为儿孙省事，二是可以不招盗墓贼。不久前发掘出的疑似曹操墓里头还真没什么像样的珍宝，寒酸之至！

二、曹丕一心谋帝位　君臣同演劝进表

苦禅老人珍藏了一件《公卿将军上尊号奏碑》（也称《劝进碑》）的拓片。它真实地记录着一出"三国"时的政治闹剧。

曹操死后，曹丕继承了魏王。他虽无其父的文韬武略和横扫千军的气势，但在耍弄权术、阴谋篡汉、消除异己等方面却也显示出了他高超的才能。有了他老子的雄厚根底，享有超出皇帝的权势，满朝文武早已驯化成了他的忠诚奴才，被架空了的皇帝，已成了曹丕手中的玩偶。此时一帮神秘的家伙开始散布"传达天意"的"谶纬"，来制造以魏代汉的舆论了，说什么"日载东（暗寓隶书'曹'〈曹〉字），不横一（即"丕"字），四百之外，易姓而王（汉朝已传了四百年了，这江山也该改改姓了）"，又说什么"言局东，西有午，两日并光日居下（组字即'许昌'，乃魏王所在之地），其为王，反为辅……"还说什么"鬼在山，禾女连，王天下"暗示"魏王天下"；这"禾""女"连的"委"字，加上"鬼"在"山"，就形成了当时的隶书"魏"了。（按：这个"魏"的写法和最近出土的疑似"曹操墓"中的石牌子上刻的"魏"以及下头将要提到的《劝进碑》上的"魏"字是一致的。）更有甚者说什么："天之历数将以尽终。帝王之兴，不常一姓。"总之，据史书史料记载，这类"传达天意"拥魏篡汉的惑众之言太多了！山雨欲来风满楼，所有的"天谶"有如四处旋转的妖风暗示着废掉大汉皇帝、拥戴曹丕的时机已经成熟了。然而曹丕那刁钻圆滑的遗传基因，又重演并导演了他爹的政治滑稽剧，并且排练得更周到，更不怕烦琐。情节大概如下：（一）先由全体文武大官们劝曹丕接受"天命"和"民意"，取代汉朝，再由曹丕谦谦推让。一劝一让，再劝再让，竟然来往十几回合也不嫌烦。（二）再由这帮文武大官们奏请皇帝，请皇帝学习古代大圣大贤帝王尧、舜、禹主动禅让皇位。（三）皇帝"甘心情愿"地再三下诏，请曹丕当皇上，自己滚蛋，把汉朝改魏朝。而曹丕呢？更甭提多"客气"啦，他是再三推辞才"勉强"接受改朝换代。

于是这篇《公卿将军上尊号奏碑》碑文便出世了。碑文前头记的是46位鼓

捣献帝把政权让位给曹家的有功奴才的官衔和名字，例如，华歆，他是把汉献帝的伏皇后从夹壁墙里搜出来害死的祸首。有为禅让最积极卖力的王朗，这篇碑文就是由他撰写的。他们联名上书说："当今皇帝奉老天爷之命坚决要把江山禅让给魏王曹丕，我们群臣也奉老天爷之命请魏王接受皇位，可是您魏王却违背老天爷之命拒绝当皇帝，（这太令人遗憾了）。我们虽然很愚昧，但都知道老天爷的神灵是不可不尊重的，魏王您最好接受天命，登基当新皇上，这可是造福海内的大事，也不辜负人民欢欣拥戴的期望呀！可是，魏王您却对我们下诏书，说'以我这点德行，不足以驾驭时局，所以天下的乱子不断，如果靠诸位的灵光，保护元首，我这辈子只当一小片儿魏国的君王，也就心满意足啦！像我这等人，哪能去辱四海呀！至于现而今出现的什么老天降祥瑞于人间之事，那都是先王，我老爹圣明的德性留给咱的吉庆遗产，我哪里有这些功绩呀？所以，我不敢接受当皇帝的天命呀！'我们趴在一起读了您的诏书，心里很纳闷，咱都知道《易经》上说'圣人尊重天时'，《论语》上也说'君子是敬畏老天爷的命令的'，根据天命，这人间的事有去就有来的，当皇帝的也必有当够了就禅让的，改朝换代是天命，所以尧禅让给舜是天命，舜接受禅让是顺应天命；因为尧明白自己这几年当元首的天命已经到头儿了，不得不把元首的座位禅让给舜，舜也不敢不接受，二位都是遵守敬畏天命的圣君呀！大汉已是秋后的蚂蚱，但当今的皇帝还是懂得遵奉天命，效法尧舜的，所以才愿意把皇帝宝座禅让给您。可您还这么不重视！天下一般人都会觉得您这么做不好。如果尧舜有灵，他们都会在神墓里气愤，您老爹魏武王曹操也会在高陵的地宫里不高兴的！所以我们这些大臣，敢冒死请求您早日当新皇上吧！况且您也知道，汉朝政权早被一帮子太监们祸乱了七辈子啦！两个京城都成了废墟，四海天下早已分崩离析，全靠您老爹魏武王亲自顶盔贯甲，栉风沐雨地为人民的生命，为国家的存活去拨乱反正，才换来了升平盛世，人民才拥护建立了今天的宫殿和政府。您不能不继承前辈的伟业，开始一个崭新的时代，造福于中华子孙哪！"

这就是《公卿将军上尊号奏碑》上刻的全部内容。

篡汉立魏其实是曹氏父子蓄谋已久的，但是怎么个立法儿，必须"合情合理"才能不背骂名，那就只能由诸大臣们"劝进"了。细读全文，通篇吹捧，而

汉公卿将军上尊号奏碑

公卿将军上尊号奏碑，也称劝进碑。圭形，上有碑穿，碑额篆书阴刻"公卿将军上尊号奏"8字。此为汉末官制文字代表作。立于汉延康元年（即魏黄初元年，220年）。碑文隶书内容为魏文武大臣奏请曹丕代汉称帝事。奏章称道"汉帝奉天命以固禅，群臣敬天命以固请"。汉献帝让位、曹丕代汉乃天命所归。奏章前后均列公侯臣等46人职名。近人梁启超《碑帖跋》说："书执稍伤平板，不如东京诸碑之姿致横溢，然而乔皇典重，岳庙之外，莫或媲之。"它之所以珍贵，除了它是汉魏王朝更迭的历史物证以外，更重要的是其包含的艺术价值，尤其是书法艺术。

传说它是王朗文，梁鹄书，钟繇镌字，故又称"三绝碑"。第一绝是文章绝。两篇文章文字简洁，举证有力，论据有方。王朗在曹丕篡汉过程中，帮了大忙，他曾经积极上表劝进；曹魏建立后，他官运亨通，一步步升迁，先后任司空、司徒，位居三公，吹捧曹丕是代天受命。第二绝是书法绝。两碑由当时的吏部尚书梁鹄书写，字体为汉隶，工写严谨，用笔刚健遒劲，字体端庄秀丽。第三绝是镌刻绝。据说是魏晋时代的大书法家钟繇镌刻，钟繇在三国时官至太傅，故后人称其为钟太傅，是楷书的创始人之一。

原文内容

相国安乐乡侯臣歆、太尉都亭侯臣诩、御史大夫安陵亭侯臣朗、使持节行都督督军车骑将军□侯臣仁、辅国将军清苑乡侯臣若、虎牙将军南昌亭侯臣辅、轻车将军都亭侯臣忠、冠军将军好畤乡侯臣秋、渡辽将军都亭侯臣柔、卫将军国明亭侯臣洪、使持节行都督督军镇西将军东乡侯臣真、使持节行都督督军领扬州刺史征东将军安阳乡侯臣休、使持节行都督督军征南将军平陵亭侯臣尚、使持节行都督督军徐州刺史镇东将军武安乡侯臣霸、使持节左将军中乡侯臣郃、使持节右将军建乡侯臣晃、使持节前将军都乡侯臣辽、使持节后将军华乡侯臣灵、匈奴南单于臣泉、奉常臣贞、郎中令臣洽、卫尉安国亭侯臣昱、太仆臣夔、大理东武亭侯臣繇、大农臣霸、少府臣林、督军御史将作大匠千秋亭侯臣照、中领军中阳乡侯臣椒、中护军臣陟、屯骑校尉都亭侯臣祖、长水校尉关内侯臣凌、步兵校尉关内侯臣福、射声校尉关内侯臣质、振威将军涅乡亭侯臣题、征虏将军都亭侯臣触、振武将军尉猛亭侯臣当、忠义将军乐乡亭侯臣生、建节将军平乐亭侯臣圉、安众将军元就亭侯臣神、翼卫将军都亭侯臣衢、讨夷将军成迁亭侯臣慎、怀远将军关内侯臣巽、绥边将军常乐亭侯臣俊、安夷将军高梁亭侯臣昺、奋武将军长安亭侯臣丰、武卫将军安昌亭侯臣褚等稽首言：

臣等前上言，汉帝奉天命以固禅，群臣因天命以固请，陛下违天命以固辞，臣等顽愚，犹知其不可，况神祇之心乎！宜蒙纳许，以福海内欣戴之望。而丁卯制书诏臣等曰："以德则孤不足，以时则虏未灭，若以群贤之灵，得保首领，终君魏国，于孤足矣。若孤者，胡足以辱四海？至乎天瑞人事，皆先王圣德遗庆，孤何有焉？是以未敢闻命。"臣等伏读诏书，於邑益甚。臣等闻《易》称"圣人奉天时"，而《论》曰："君子畏天命。"天命有去就，然后帝者有禅代。是以唐之禅虞，命以在尔；虞之顺唐，谓之受终。尧知天命去已，故不得不禅；舜知历数在躬，故不敢不受。不得不禅，奉天时也；不敢不受，畏天命也。汉朝虽承季末陵迟之余，犹务奉天命以则尧道，是以愿禅帝位而归二女。陛下正于大魏受命之初，抑虞夏之达节，尚延陵之让体，所枉者大，所直者小；所详者轻，所略者重。中人凡士，犹为陛下陋之，殁者有灵，则重华必忿愤于苍梧之神墓，大夏必郁邑于会稽之山阴，武王必不悦于高陵之玄宫矣。是以臣等敢以死请。且汉政在奄宦，禄去帝室七世矣。遂集矢石于其宫殿，而二京为之丘墟。当此之时，四海荡覆，天下分崩。武王亲衣甲而冠胄，沐雨而栉风，为民请命，则活万国；为世拨乱，则致升平。鸠民而立长，筑官而置吏，元元无过周于前叶，而始有造于华裔。陛下即位，光昭文德，以翊武功；勤恤民隐，视之如伤：惧者宁之，劳者休之；寒者以暖，饥者以充；远人以德服，寇敌以恩降。迈恩种德，光被四表。稽古笃睦，茂于放勋；网漏吞舟，裕于周文。是以布政末期，人神并和。皇天则降甘露而臻四灵，后土则挺芝草而吐醴泉。虎豹鹿菟，咸素其色；雉鸠燕爵，亦白其羽。连理之木，同心之瓜，五采之鱼，珍祥瑞物，杂还于其间者，无不毕备。古人有言："微禹，吾其鱼乎！"微大魏，则臣等之白骨既交横于旷野矣。伏省群臣内外前后章奏，所以陈叙陛下之符命者，莫不条河洛之图书，授天地之瑞应，因汉朝之款诚，宣万方之景附，可谓信矣著矣，□矣裕矣，高矣丘矣，三王无以及，五帝无以加，民命之悬于魏邦，民心之素于魏政，卅有余年矣。此乃千世时至之会，万载壹遇之秋。达节广度，宜昭于斯际；拘挛狭行，不施于此时。久稽天命，罪在臣等，辄营坛场，具礼仪，择吉日，口昭告昊天上帝，秩群神之礼，须□祭毕；会群寮于朝堂，议年号正朔服色当所以施行，臣谨拜表朝堂。臣歆、臣诩、臣朗、臣仁、臣若、臣辅、臣忠、臣秋、臣柔、臣洪、臣真、臣休、臣尚、臣霸、臣郃、臣晃、臣辽、臣灵、臣泉、臣贞、臣洽、臣昱、臣夔、臣繇、臣霸、臣林、臣照、臣楸、臣陟、臣祖、臣凌、臣福、臣质、臣题、臣触、臣当、臣生、臣圈、臣神、臣衢、臣慎、臣巽、臣俊、臣禹、臣丰、臣褚，诚惶诚惧，顿首顿首，死罪死罪。

（碑本《隶释》十九，《魏志·文帝纪》引《献帝传》。案：《古文苑》、闻人牟准《魏敬侯碑阴》，言"群上尊号奏，卫觊撰，钟繇书"。）

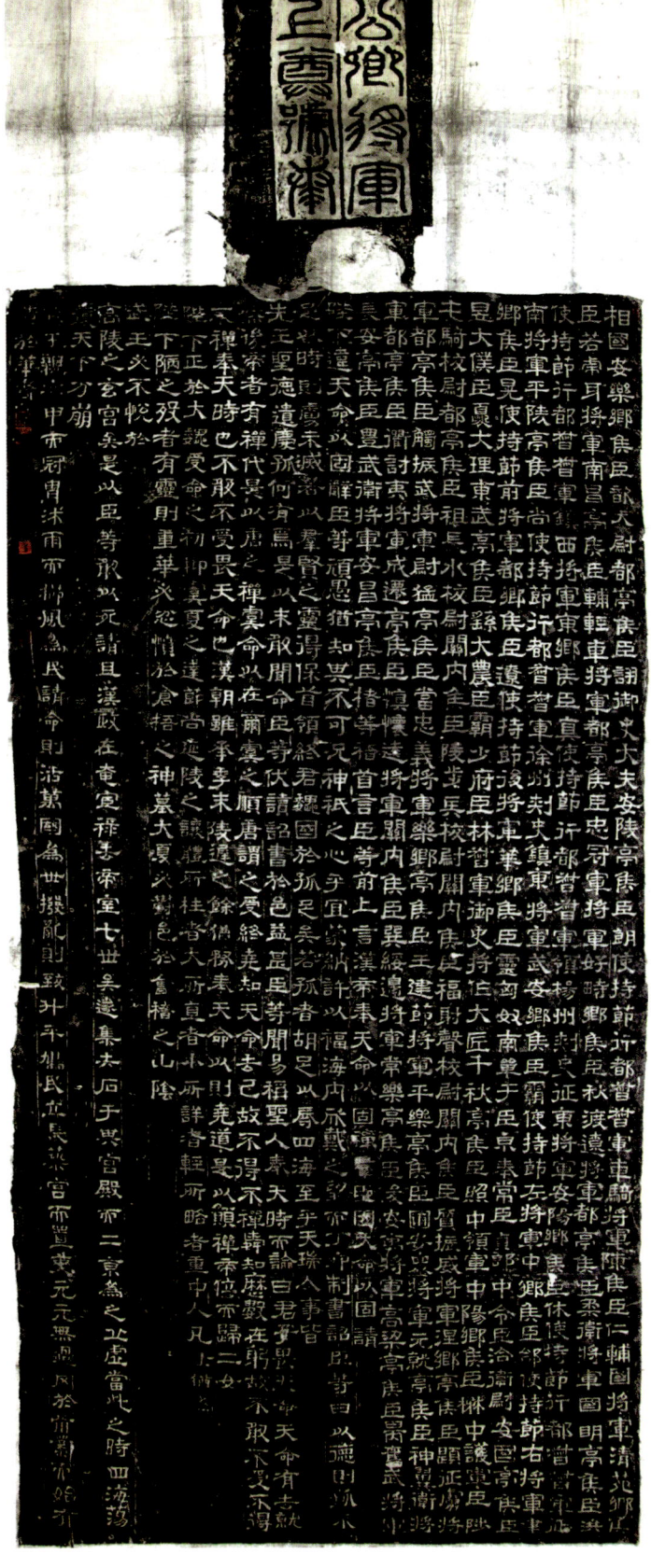

《公卿将军上尊号奏碑》拓片

《公卿将军上尊号奏碑》拓片（局部）

受禅表碑

受禅表碑，位于临颍县城西北15公里繁城镇汉献帝庙址上。三国魏黄初元年（220年）刻立，高322厘米，横102厘米，厚28厘米，字数1078字，呈圭形，上有穿。

220年（延康元年），曹丕在许昌以南的繁城筑受禅台，并举行受禅大典，正式代汉称帝。受禅结束后在此立有两碑，分别是公卿将军上尊号奏碑和受禅表碑。曹丕代汉称帝。据《漯河文史大观》所录碑文如下：

维黄初元年，冬十月辛未，皇帝受禅于汉氏。上稽仪极，下考前训，书契所录帝王遗事，义莫显于禅德，美莫盛于受终。故《书》陈"纳于大麓"。《传》称"历数□□□是以降"。世且二百，年岁三千，尧舜之事，复存于今，允皇代之上仪，帝者之高致也。故立斯表，以昭德□义焉。

皇帝体乾纲之懿姿，绍有虞之黄裔。九德既该，钦明文塞。齐光日月，材兼三极。及嗣位先皇，龙兴飨国，抚柔蒸民，化以醇德。崇在宽之政，迈恺悌之教，宣重光以照下，拟阳春以播惠。

开禁仓，散滞积，家臣□□□□□之锡，众兆陪台，蒙□饩之养。兴遗勋，继绝世，废忘之劳，获金爵之赏，褴褛之孤，食旧德之禄。善无微而不旌，功无细而不□。□□戎士，哀矜庶狱，罢戍役，焚丹书，囹圄虚静，外无旷夫。玄泽云行，罔不沾渥。

若夫覆载简易，刚柔允宜，乾川之德，阴阳□□□□□类育物，奋庸造化之道，四时之功也。宽容渊墨，恩洽群黎，皇戏之质，尧舜之姿也。孜孜业业，迈德济民，伯禹之劳。□□□□□睿智神武。料敌用兵，殷汤之略，周发之明也。

广大配天地，茂德苞众圣。鸿恩洽于区夏，仁声播于八荒。虽象胥所□□□□□和而来王。是以休征屡集，和气烟□，上降乾祉，下发坤珍。

天开启闱，四灵具臻。涌澧横流，山见黄人。所以人显受命之□□□□之朝运也。其余甘露零于丰草，野蚕茧于茂树。嘉禾、神芝、奇禽、灵兽穷祥极瑞者，期月之间，盖七百余见。自金天以□□□□嘉禅之降，未有若今之盛者也。

是以汉氏睹历数之去已，知神器之有归，稽唐禅虞，绍天明命，□嫔二女，钦授天位。

皇帝谦退，让德不嗣。至于再，至于三。于是，群公卿士，佥曰："陛下圣德，懿侔两仪。皇符昭晰，受命咸宜。且有熊之兴，地出大蝼；夏后承统，木荣冬敷；殷汤革命，白狼衔钩；周武观兵，□□□□。方之今日，未足以喻，而犹以一至之庆，宠神当时，绍天即阼，负依而治。况于大魏灵瑞若兹者乎！盖天命不可以辞，□□□□以意拒；大统不可以久旷，万国不可以乏主。宜顺民神，速承天序。"

于是，皇帝乃回思迁虑，旁观庶征。上在璿玑，筮之周易，卜以守龟，龟筮袭吉，五反靡违。乃览公卿之议，顺皇天之命，练吉日，□□□□唐典之明宪，遵大麓之遗训。遂于繁昌筑灵坛，设幪宫，峙圭璧，储牺牲。延公侯、卿士、常伯、常任、纳言、诸节、岳牧、邦君、虎□□□□匈奴、南单于、东夷、南蛮、西戎、北狄王侯君长之群，入自旗门，咸旅于位。

皇帝乃受天子之籍，冠通天，袭衮龙，穆穆皇皇，物有其容。上公策祝，燔燎，域朴告类上帝，望秩五岳，湮于六宗，遍于群神。□□□宴，群凤来臻。乃召有司大赦天下。改元正始，开皇纲，禅帝载，殊徽征，革器械。修废宫，班瑞，节同律量衡。更姓改物，勒崇垂鸿，创□作则，永保天禄，传之罔极。

《受禅表碑》拓片

且从《易经》《论语》、先贤圣哲的话里断章取义，作为依据劝说曹丕登基，真是一场走形式的闹剧！

这场精彩的历史闹剧，使1700多年后的我们，直观地读到了"剧本"，这就是此件碑文拓片的厉害！

既然大臣们如此恳切，曹丕也得表个态呀！于是又同时还刻了一块《受禅表》，内容无非是记录了曹丕当了新皇帝的前前后后；禅让和接受禅让都是自古就有的天命美德，有尧舜的高姿态，有殷汤的韬略，有周武王的英明。公卿将军再三请求他当皇帝，他再三推辞，才接受了天命的禅让。总之，又换一副面孔和口气重复了一番《劝进表》的"台词儿"。于是在繁阳（今繁城镇）筑灵坛，隆重举行了受禅大典。于建安二十五年（220年）10月，东汉末代皇帝汉献帝刘协将帝位禅让给了曹丕。曹丕正式称帝，建都洛阳，至此汉朝灭亡。曹丕既尊曹操为魏武帝，自己则被尊为魏文帝，改年号为黄初元年。

这两块碑记录并见证了汉魏灭亡兴替的历史。在我国古代传统中，勒石立碑是很隆重的大事，曹丕立此两碑意在向天下表明，自己称帝是汉帝"奉天命"让我当皇帝，也是"群臣敬天命"非要请我当皇帝不可，我可是再三推辞不下才当的皇帝啊！由此可以免得"篡汉奸雄"的千古骂名。并且，在他再三推辞的表演过程中，还可以试探试探文武百官对自己忠诚与否，对自己称帝是否卖力气，以便决定称帝之后如何封赏用人，这对于他巩固曹魏的统治也是至关重要的大事，不可不察。

不管曹家和奴才们立此碑石目的如何，终归由于此事极其隆重，所以它的历史价值、文学价值和书法价值等都很高，在中华金石研究史上具有很特别的地位，仅从"石头'三国'话曹家"的话题看，这两件碑及其拓本就很有文章可作。

三、曹丕忌才曹植悲　子孙立碑犹感慨

"文革"结束，苦禅老人在整理劫后余存的碑拓中选出《曹子建碑》，反复向我讲述，并在此碑拓本后头援笔跋道："古碑文篆隶相参者惟此碑耳。碑在山东东阿县境，距黄河岸不远。此拓尚早，后拓已缺字多矣！近闻碑尚存在，真大幸

也夫！或东阿王精灵仍显而冥冥中守护耶？丁巳初冬（1978年初）题记于三里河。苦禅。"

父亲苦禅老人藏有隋朝开皇十三年（593年）所立《曹植碑》拓片两件。此碑记述了曹植的生平事迹、葬地及其第十一世孙曹永洛于北齐皇建二年（561年）奏请孝昭皇帝批准，在鱼山建曹植灵祠、雕像祭祀与颂扬之词。曹植死后三百年才由其后世立此碑，足见他命运的悲哀。

此碑立后曾湮没在大清河（今黄河）里，清朝初年才被发现捞出，并重修曹植墓，立碑于前，且建碑楼呵护之。至1996年重建碑亭。亭四角重檐再现古风，气势巍然，成为鱼山的标志景观。

曹植碑内容可与相关史书等资料参照，互证互补。尤其书法，有很特殊的研究意义，整篇文字，既有"魏碑体"，也有向楷书过渡的字体，更穿插隶书和小篆字体。清末康有为对它的书法风格给予了生动评价：笔法如"快刀斩阵，雄快峻劲者，莫名（曹子建碑）矣！"

曹操子女众多，唯丕、植被后人与其父并称"三曹"，名列建安文学榜首，在文学史上占有重要一席。然而，操、丕终因称王称帝，虽亦有名诗名句，而俩人的诗人形象总是被诡诈跋扈的帝王形象所消减。唯曹植不但有"七步成诗"的典故广为流传，更有《洛神赋》的佳句为后人传颂。加之命运的坎坷，终究成了被人们同情的文人形象。

那么这位曹子建究竟是怎样走完他四十一岁人生的呢？

此碑开头即镌明"君讳植，字子建，沛国谯人也"，儿子用父亲的籍贯，为古人的通例。继而弘宣他的家世出身："显霸业于东郊……琼根宝叶……轩冕相传，袭缙绅而不绝……乃成王室，道勋隆重……鸣鸾佩玉，飞盖交映。"又记其"祖嵩，汉司隶太尉，公职掌三事。从容论道"。继而至"父操，魏太祖武皇帝，资神龙虎"（够吓人的！）"剖判郁以开基，名颁忏牒，谣敲真人，火运告终，玉德承历，爰据图录，享有天下"。这是说曹操"享有天下"完全是根据老天爷颁下的"忏牒""图录"（不知由哪位"真人"所造）。由此"火运"的"炎汉"就注定要由"玉德"之人取而代之了！据说运气还挺旺："英雄之气，盖有余矣！"可这"余"没有余在曹植身上，而是余给了他哥哥曹丕："昆丕，魏高祖文皇帝，绍即四海，光泽五都"，能"朝宗万国，允文允武……正践升平，时称宁晏"。这里对于曹丕的称颂完全是一番浮夸。且看：220年曹丕才称帝，221年刘备也称帝，同年孙权向曹丕"称臣"。其实是为了壮大自己，争取时间而采取的韬晦之计。

226年5月曹丕命终。他在位时间不过六年，这六年中既没有万国来朝的显赫，又没有文治武功的升平，倒是因为他的称帝而促使刘备称帝和孙权称帝。

此后曹叡（魏明帝）接替皇位，仍延续了三国纷争的局面。

227年春，蜀汉相诸葛亮就开始了战略性的"六出祁山"（今甘肃礼县之东），进驻北伐曹魏的战略要地汉中，屯兵于沔阳的阳平关。

229年孙权称帝，他在不断扩大自己的势力范围过程中稳住了阵脚。

这哪里是碑上颂扬的"正践升平，时称宁晏"呢？至于碑文上的"致黄龙表瑞，验兆漳滨，玉虎金鸡……"更是谁也不明白的"吉祥瑞兆"。对这类文过饰非的吹嘘之词，只要对照一下历史年表，任谁都不会相信的！

不过对于碑主曹植的记述和评判还是有较高可信度的。"禄由德赏，频亨（通'享'）皇爵，建安十六年（曹操）封（他）平原侯，十九年改封临淄侯"这与《三国志·魏书》所记曹操"特见宠爱，建安十六年封平原侯，十九年徙封临淄侯"是一致的。碑上还记有曹植在得封后"都不以贵任为怀，直置清雅自得，常闲步文籍，偃仰琴书，朝览百篇……"，其影响"使高据擅名之士，侍宴于西园，振藻独步之才，陪游于东阁"。这应是由他"寻声制赋，膺诏题诗，词彩照灼……又能诵万卷于三冬，观千言于一见，才比山数，思并江湖，清辞菀菀，若聚芘兰之蔚邓林，绿藻妍妍，如河英之照巨海"。此段碑文非常生动地描述了这位文采照人却地位招疑的曹子建，他的才华和他的处境决定了他必然是一个令人惋惜的悲剧人物。

有史书记载曹植"年一岁余，诵读诗、论及辞赋数十万言，善属文"。有一回曹操读了他的文章，问他："这是不是你让别人替你写的？"（那年月，写好文章可以做官，所以估计当年也会有代写"论文"之类的"枪手"吧！不然曹操何以犯疑？）吓得曹植赶紧跪下说："我可以出口成论，下笔成章，干嘛请他人代笔呢？如不信，您可以当面试试。"不久，耗费大量民脂民膏供曹操一人享乐的铜爵台（也称"铜雀台"）落成了，曹操叫儿子们登台作赋，试试他们的文采。

曹植提笔，即写成了一篇赋，很可观！曹操觉得这个儿子可真是非同寻常人等！日后，曹操常给他出难题，他都能"应声而对"——您话音儿一落他就开口了，且对答如流，文采惊人，所以曹操对他"特见宠爱"。与其他子女不同的是曹植生活方式从简从易，既不显示威仪，也不追求车马服饰，"不尚华丽"的习性显示着他与众兄弟不同的个性和文人的某些特质。

物以类聚，人以群分，曹植有才，自会有高才之人聚于身边，常来常往的就有"丁仪、丁廙、杨修等为之羽翼"；丁仪、丁廙的父亲与曹操是生死之交的弟兄，杨修是袁绍家族的外甥，都是当时有来头有名气的高人。然而在曹操这类人面前太抖机灵是不行的，不久这群过从甚密的朋友圈就引起了"太祖（操）狐疑"。

众所周知，杨修终因聪明太过而被曹操找碴儿杀了。曹植一直视杨修为知己，因此杨修的被处，既令曹植极度悲伤，又惶惶不安。而兄长曹丕绝不像曹植那样"以才见异……任性而行，不自雕励，饮酒不节"，他"御之以术，矫情自饰，宫人左右，并为之说，故遂定为嗣"。即曹丕很善于不择手段地让老爹左右的人喜欢他，替他说好话，由此而取得曹操的信任，终于被选定为接班人！逐渐，曹操不仅不喜欢曹植，还疑虑他会生出变故之事。俗话说，人要倒了霉喝口凉水都塞牙，这位曹子建前赶后错地就"走了背字儿"。

建安二十四年（219年）"曹仁为关羽所围"，曹操让曹植"为南中郎将，行征虏将军，欲遣救仁"，可是曹植偏巧喝得醉如烂泥而"不能受命！"这能不让曹操火冒三丈吗？另据《魏氏春秋》所记似乎更有故事：曹植正准备披挂出征去救曹仁，曹丕却来请他喝酒，一直把他灌醉，此刻其父令到，见此情状，告知曹操，操大怒。如依此说，即是曹丕有意陷害胞弟啦。不过，以曹丕的德行、曹植的任性来看，这种可能还是有的，所以姑存一说可矣！

丁氏兄弟和曹家又是怎样的关系呢？《魏略》记载，当初丁氏兄弟的父亲丁冲与曹氏是老乡，"宿与太祖（操）亲善，时随乘舆"，见天下正乱，就对曹操说："您是很有政治大抱负的，现在可是施展您才能的时机啦！"不久，曹操即得势，还用军队把皇帝"迎接"到曹家窝儿的许昌，乐啦！让丁冲当上了司隶校尉，就是当初曹嵩当过的官职。这丁冲也是薄命担不起大福份，喝美酒"不能止，醉烂肠死"下，曹操想到先前经常得到丁冲的开导——"常德之"，又听说他有个儿子丁仪,还未见面就一度想把自己的女儿许配给丁仪,可见两家的关系之好。

而曹植的另外两个知己就是丁冲的两个儿子丁仪、丁廙。丁氏兄弟以往常在曹操面前说曹植的好话,《魏略》记有丁廙对曹操夸曹植的话:"天性仁存,发于自然而聪明智达……博学渊识,文章绝伦,当今天下之贤才君子,不问少长,皆愿从其游而从其死,实天所以钟于大魏而永授无穷之祚也。"曹操说:"我很爱曹植儿,我想让他接我的班,你看如何!"丁廙答道:"此国家之所以兴衰,天下之所以存亡,非愚劣琐贱者所敢与及。……"他的兄弟丁仪也"数称其奇才",当发觉曹操一度有意立曹植接班时"又共赞之"。他俩的观点和做法必定传到一直盯着接班儿的曹丕那儿,所以曹丕一上台,即以先杀丁氏兄弟二人解气,连丁家所有的男人都格杀勿论!其实,要按人间常情来想,曹丕若能顾及丁家和曹家老辈儿的交情,是应当手下留情的!可是在政治独夫那里,一旦自身权位受到可能的威胁,那就一定会绝情寡义而不顾其他的。曹丕一掌权就让丁仪自杀。丁仪没这个胆儿,叩头乞求夏侯尚说情,夏侯尚虽是曹家窝里人,但碰上这事,也只是"涕泣而不能救"。曹丕又找个碴儿把丁仪打入大狱,杀之了事。由此我想,史书上再说杨修和丁氏如何机灵有学问,也是虚妄之谈。因为在那种专制政治的国家制度下,在权势集团的代表人物那里,选靠山,明褒贬,就是拿全家的人命去赌博!选对了,算您走运;选错了,算您自找灾祸。就算选对了主子,走运一时,也有"狡兔死走狗烹"的无数次历史教训!还是圣人孔夫子说得对:"有一位君子,当有道的头儿在位时,他充分表现自己的智慧;当无道的头儿在位时,他就绝对装傻充愚。可是,人们学这位君子抖机灵都很及格,而能学他装傻充愚的人却没有及格的。"饱读经史的杨修和丁氏兄弟也终因不能装傻充愚,而咎由自取了!

还是拉回这《曹植碑》上。这曹丕一上台(年号黄初),一帮子阿谀奉迎之徒就罗织一些曹植的"黑材料"献给曹丕,去拍马屁,这下可给曹植添了不少麻烦!碑上记道:"黄初二年(221年),奸臣谤奏,遂贬爵为安乡侯,三年进立为王,及京师,面陈滥谤之罪,诏令复国,自以怀正,信如见疑,抱利器而无用,每怀怨慨,频启频奏,四年改封东□□。"这一节和《三国志·魏书》所记差不多——"黄初二年,监国谒者灌均(人名)希指,奏'植醉酒悖慢,劫胁使者',有司请治罪……贬爵安乡侯。其年改封鄄城侯。三年,立为鄄城王。四年,徙封雍丘王。其年，朝京都。"《三国志·魏书》上说，这时候的曹植是天天惴惴不安，老想找机会到兄弟皇上那儿去称臣表白：自从我当上这个藩王，"刻肌刻骨，追思罪戾……圣恩难可再恃"。又把自己比作《诗经·相鼠》中那无礼该死的老鼠，低三下四地对曹丕说："伏惟陛下德象天地，恩隆父母，施畅春风，泽如时雨……愚臣徘徊于恩泽而不能自弃者也。"以他的文采说了一大篇无聊的好话。曹丕看在他们同一个娘的面子上，只是轻描淡写地表了态，"帝嘉其辞义，优诏答勉之"而已。

曹丕与曹植虽是一母所生的兄弟，但因为曹植一直是曹丕承袭魏王的竞争对手和障碍，所以在曹丕上台之后，对曹植的威胁更甚。曹植为了自己的生存表现出来的就是他人格的另一方面：讨好，甚而乞求曹丕的宽容。

曹丕死后，其子曹叡登基，按说曹植理所应当地成为真正的"皇叔"，但此"曹皇叔"绝非那位与汉献帝有亲缘关系的"刘皇叔"。这位曹皇叔非但没有被群臣认可，就连亲侄儿皇上也没把他当成叔叔，反而更怕他图谋不轨而拒之千里。

此时的曹植已被这曹丕父子两代折磨得毫无锐气与才智了，所有的才学只能率先堆砌成摇尾乞怜的奏章。曹植为了请求侄儿皇上给他点儿差事干，为大魏立点儿功劳，不想当个白吃饭的"尸禄素餐"之徒。"上书求自试曰：'臣闻士之生世，入则事父，出则事君……慈父不能爱无益之子，仁君不能畜无用之臣。'"(《三国志·魏书》)在这里，他把侄子皇上暗喻为"慈父"，可真是老百姓的歇后语："老头儿叼奶嘴儿——装孙子"啦！随即又开列了一大堆历史典故，例如汉武帝要给大将霍去病盖一所豪宅，霍去病推辞说"(威胁我国的)匈奴还未消灭，我这个当臣子的岂能先搞家庭建设？"来表明自己"忧国忘家，捐躯济难，忠臣之态也"。如能让我曹植"突刀触锋，为士卒先"，就是不能把孙权绑来，把诸葛亮的人头献来，也能奏点儿捷报"以灭终身之愧，使名挂史笔，事列朝策"。果能如此，就是我曹植的身子丢在蜀国，脑袋悬在吴国也心甘情愿，虽死犹生啊！接着又回述曹家当年起兵成事的历史，暗含着"我当年跟你爷爷曹操闯荡四方，南征北战的时候你还没出生哪！"摆摆老资历嘛！可后头又把曹叡比作"能识好马的伯乐先生和能识好狗的韩国先生，他们只要一听马鸣狗叫就能识出良马好狗来，您能试试听我这'卢狗悲号'('卢狗'是一种好狗之名，按此)吗？""今臣志狗马之微功……终无伯乐、韩国之举。"所以,"于邑(即'忧郁')而窃自痛者也"。又说,"我也自知,我这点萤火虫和蜡烛的亮儿不能给日月增辉,只是壮着胆子献丑以表忠心哪!"您看这当叔叔的曹植在侄子皇上面前够多惨!可是这个侄子皇上并不动心领情。《魏略》上说:"植虽上此表,犹疑不见用。"侄皇上的表态很明确:"他不就是打算展才立功,垂名于世吗?咱偏不用他!""太和三年(229年)徙封东阿"。(《三国志·魏书》)《曹植碑》上是"太和四年(230年)改封东阿",这年曹植再次上书,又向侄子皇上说了一大堆美妙的废话,还把自己比作跟着太阳(皇上)转的"葵藿"(古称向日葵为"葵藿",杜甫有"葵藿倾太阳,物性固难夺"句),还说即使太阳不理会我,我这个向日葵也用行动表达自己的诚意了!听完曹植的话,这侄子皇上看来是烦了,答言不多,意是:你说的古事儿咱家都知道了,还废什么话!可是这曹植仍不知趣,又上书一大篇,引用古《尚书》说"'有不世之君,必能用不世之臣;用不世之臣,必能立不世之功'殷、周二王是矣!"又把自己比作千里马,却同时嗔怪皇帝"置将不良",那些不良之将好像披了虎皮的羊,见着青草便高兴,见着豺狼仍旧发抖,因为它忘了自己披了虎皮的包装啦!又拈来屈原的话说"国家放着千里马而不知乘用,反而心里没着落似的到处去找好马",又说皇上您疏远曹氏族亲,反而亲近异姓,这让我很困惑。这回这位侄子皇帝竟没生气,《三国志·魏书》上说,在太和六年(碑上为五年)二月"以陈四县封植为陈王"和碑上所记"五年,以陈前四县封,复封为陈王",差一年。不过《三国志·魏书》上说的仅此而已。

曹植每次要求单独见皇帝面谈"论及政事,幸冀试用,终不能得。既还,怅然绝望。……十一年中而三徙都,常汲汲无欢,遂发疾薨,时年四十一。……遗令薄葬……初植登鱼山,临东阿,喟然有终焉之心,遂营为墓"。碑上所记与之相近:"以谗言数构,奸臣内兴,十一年里,频三徙都,汲汲无欢,遂发愤而薨,时年卌(xì)有一。即营墓鱼山,傍羊茂台。平生游陟(zhì)有终焉之所。既如年代敻(xiòng)远,兆茔崩沦,茂响英声,远而不绝。"直到碑文尾声,立碑人又不忘为曹家篡汉找脱辞:"乃考惟昆,廓定洪基。受图应历,运合紫微……响逐云飞。"说的又是曹丕能开大魏洪基,是老天爷降下的图录所授,是紫微星下凡的运气所至,这当然是欲盖弥彰的鬼话了。

然此碑乃为曹植所立，碑文之末即有"风哀松柏，坟穿狐兔。何世何年，还成'七步'"的慨叹。历经十一辈儿，"七步"的典故犹存，看来曹植"七步成诗"的敏捷文思是可钦可信的！至于相关的故事，应当也是颇有来头的。

苦禅老人评价曹氏父子时，对曹操自私、诡诈、屠城百姓，总有切齿之恨，言及曹植则悯其命运多舛，生不逢时，褒其文采，怜其才思。记得苦禅老人曾说，有一回见其恩师齐白石画了一幅画，画上大小鸡各一只，题道"一儿一女一枝花，多儿多女是冤家"，立侍于侧的苦禅先生随即联上两句："本是同根何相煎？只缘生在帝王家。"

总之，读过《曹植碑》，参看青史，本人深感：曹植是一个人，而曹操是一个魔鬼（有人称他为"英雄"诗人，也做过好事）。曹操神通极大，作威作福易如反掌，当然既会作诗但更擅杀人。人世间可以多出些不是"英雄"的曹植，可千万别出半个"英雄"的曹操。只要您站在普通芸芸百姓弱势群众的立场上，是会同意本人之见的，也会庆幸《曹植碑》的历劫犹存的！

四、曹真并非窝囊废 诸葛大名唯此石

在苦禅老人收藏中，有一件被他亲切地称为"有孔明先生的碑"。直到很晚，我才知道，此拓片现在被称为《魏上将军曹真残碑》（亦称《曹真残碑》）。随即我查找到苦禅老人收藏的清代学者方若所著《校碑随笔卷二》，在汉魏石刻记录中可见"诸葛亮"三字，追其所载乃《上军大将军曹真残碑》。此碑于道光二十三年（1843年）在陕西长安出土。其碑阳第八行之"贼"字与第一行之"蜀"字，乃出土时即凿去之。仅存20行，每行10—17字。如今此石宝藏于北京故宫，字已多被拓商凿毁不清，而苦禅老人所藏者，字口与断口皆清锐，唯"贼"字被凿。老人说，蜀国尚无碑石传世，此系曹魏人所刻，故在"诸葛亮"前冠以"蜀贼"二字，而世人皆敬诸葛亮，想此碑一出土，便被砸碎，唯留此中下段残石，还要把"贼"字凿掉。此石应当是现存唯一有"诸葛亮"大名的古碑，而且拓本保存的字又最多最清楚，故弥足珍贵。

此碑文字涉及的是曹操孙辈曹真伐蜀、对峙诸葛亮的事。碑虽残断，但以仅

存的文字内容来对照史书资料，即可读出一段"石头'三国'"来。

关于曹真的家世现有两个版本。

《三国志·魏书》记："曹真，字子丹，太祖（曹操）族子也。"曹真父曹绍"以忠笃有才智"为曹操亲信。汉献帝刘协初平年间（190—194）曹操起兵那阵，曹绍招募兵卒，为"州郡所杀"。《魏略》上另有一说，曹真家本姓秦，跟曹操关系甚好，汉献帝刘协兴平年间（194—195），曹操遭敌寇追击，被秦伯南（即曹真之父）藏进家里，追兵砸开门，问"曹操藏哪儿啦！"秦伯南慨然应答"我就是曹操！"于是立时被杀。曹操获救，非常感激，既然秦伯南以曹某之名被杀，曹操便让他的儿子秦真改姓为曹真了，且"哀真少孤"，收养到家里，和自己的亲生儿子们同等待遇。这与残碑上所记"豫侍坐公子，将和同生"（第三行）可相对照。《三国志·魏书》还记曹真常陪曹操一家打猎，有一回惊起一头猛虎，眼看猛虎扑来，曹真手疾眼快，拉弓即射，猛虎"应声而倒"，曹操"壮其鸷勇"，命他统领"虎豹骑"。自此曹真开始了他征战的一生，不久即攻占灵丘，又打败刘备别将于下辩，封灵寿亭侯，拜中坚将军。而后曹操心腹大将夏侯渊在阳平关被刘备军所杀，曹操忧痛之中，选择了曹真接替征蜀重任，当了征蜀护军，曹真随即"督徐晃等破刘备别将高详于阳平"。曹丕继王位之后，又命曹真"为镇西将军、假节都督雍、凉州诸军事……进封东乡侯"。此后他又在酒泉斩灭反叛，于黄初三年（222年）当上了上军大将军；还因征孙权、破牛渚屯"转拜中军大将军，加给事中"。所以曹真是一位能征善战的大将军，而绝非《三国演义》和电视片《三国》里被描写成为酒囊饭袋的曹真。

黄初七年（226年）魏文帝曹丕病危之际，诏命曹真与司马懿、陈群等辅政。明帝曹叡继位后，晋封曹真为"邵陵侯，迁大将军"。在残碑里我们见到的曹真官衔则有"持节镇西将军"（第四行）、"征公拜上军大将军"（第六行）、"穀节钺如故"（第七行）、"公拜大将军"（第八行），军事则有"令赵护大尉掾严武雍州"，（第十六行）皆与史传有相合处。至于碑上"遂牧我州""牧我陕西"尚未见传记，当是史料缺如之故吧！

至于碑上的"重头戏"——"蜀……诸葛亮称兵上邽"（第八行）即是蜀建兴六年（228年）诸葛亮率大军出陇右，围攻祁山，陇右三郡南安、天水、安定守军皆叛魏降蜀。曹真则督关中各路军队抵抗蜀军,大将军张郃督关右路,率军五万进陇右。228年春月,蜀将马谡败于张郃,失守街亭。"演义"和说书、演戏,特别是《失街亭》《空城计》《斩马谡》这种经典戏剧的久演不衰,致使人们都以为马谡是被司马懿打败,被诸葛亮挥泪处斩的,其实他并非败于司马懿。据史书记载,此时司马懿还在南阳汉水一带,而后来230年8月司马氏北上才与曹真会师于汉中南郑。所以在230年7月孔明"四出祁山"的8月以前,他的主要的直接对手是曹真。在231年9月大司马曹真病死之后,孔明的主要对手才是司马懿。

街亭乃战略要冲,《三国志·蜀书》记载,当时蜀将魏延、吴壹等都愿当先锋,但诸葛亮此刻忘记了"先主临薨前谓亮曰:'马谡言过其实,不可大用,君其察之!'亮犹谓不然,以谡为参军,每引见谈论,自昼达夜"。此次选先锋,"亮违众拔谡","使马谡督诸军在前,与张郃战于街亭。谡违亮节度,举动失宜,大为郃所破,亮拔西县千余家,还于汉中"。"谡下狱……亮为之流涕。"马谡死时三十九岁,《襄阳记》上说:"于时十万之众为之垂涕。亮自临祭,待其遗孤若平生。"另据《汉晋春秋》讲:"……魏大司马曹(真)有疾,司马宣王(懿)自荆州入朝。魏明帝曰:'西方事重,非君莫可付者。'乃使西屯长安……亮分兵留攻,自逆宣王(懿)于上邽。郭淮、费曜等(魏将)徼亮,亮破之……与宣王(懿)遇于上邽之东,敛兵依险,军不得交,亮引而还。"此即残碑文中发生于231年2月至6月的"蜀……诸葛亮称兵上邽"之事,可惜残碑缺如太多矣!

残碑尚有"奋雷霆于朱然",观者难解其意,乃是由于《三国演义》的广泛影响所致,此书多在曹、刘两家与蜀、魏两国的斗争中做文章,而孙吴总是当"配角",故其众将之中也多有被忽略者,朱然即是一位。

朱然何许人也?《三国志·吴书》有载:"朱然,字义封,治(吴治,随孙坚征伐,拜司马,屡立功)姊子也。"吴治没儿子,十三岁的朱然启禀孙策,要当吴治的干儿子。孙策命人酒肉款待他,又亲自优待他,"以礼贺"。他常与孙权"同学书,结恩爱"。孙权成了吴主之后,因"奇其能",曾拜朱然为临川郡太守、偏将军。建安二十四年(219年)朱然征讨关云长,在临沮与潘璋俘擒关云长,遂"迁昭武将军,封西安乡侯"。在吴黄武元年(222年),刘备攻宜都,朱然督五千人与陆逊并力"拒刘备,朱然攻破刘备前锋,又断其后,刘备败走"。由此,朱然又被拜征北将军，封永安侯。可见，朱然是东吴的一位不可湮没不提的显赫大将。可能因为三国时期的官渡之战、赤壁之战等大仗太多，英雄无数，所以朱然这样的大将竟被遗忘了。即使没被遗忘，后人对这位将"武圣人关老爷"送上鬼门关、将"刘皇叔"大败的人物，也不情愿去提他。

那么曹真为什么"奋雷霆于朱然"呢？

只说刘备于宜都败走之后的10年中间，魏吴两方曾打过一仗，即魏遣曹真等攻江陵一役，朱然陷于魏兵包围之中，"中外断绝，孙权急派大将潘璋、杨粲去解围而围不解"，当时朱然"城中兵多肿病，堪战者裁五千人"。此时曹真命"起土山，凿地道，立楼橹临城"，向城内射箭发弩，"弓矢雨注，将士皆失色"，但朱然很沉着，"晏如而无恐意"，一方面勉励官吏士兵，一方面伺机攻破敌占两屯。魏兵围城六个月不退，企图用内奸破城，被朱然识破，魏兵只得退兵还北。由此，朱然"名震于敌国，改封当阳侯"。实际上此次战役，是吴将朱然震惊了魏将曹真，但残碑是站在曹真立场上颂扬他的，反而刻成了曹真"奋雷霆于朱然"。有"历史偏向症"的人写历史，总会犯"历史事实恐惧症"或"史实选择性健忘症"的，此系写史者切身利害驱使的历史通例，《曹真碑》亦不在例外。其实人民不傻，民间俗话说得好："会说的不如会听的！"是言诚哉！其实此次魏吴江陵之战，曹真最多也就算是与朱然打了一个平手。应当提到的是这位大将军曹真，他每次出征都能"与将士同劳苦。军赏不足，辄以家财班赐，士卒皆愿为用"。如此劳苦远征，身体自然难吃消，231年8月之后的"会大霖雨三十余日"令其生病，"真病还洛阳"，魏明帝曹叡亲自到曹府去看望他。他则于231年病故。这一段见于《三国志·魏书》上的事迹，倒是很值得刻在曹真碑上的，或许已经刻了，但因残碑缺损而未能得见吧！

此碑产生于东汉方灭、三国鼎立的时代，虽属残碑，但所留20行字的书法价值极高。它绝不逊色于所有著名汉碑而且颇有独特风格，字字皆有大将风姿，严整肃穆，肆外闳中，通篇布局如精兵列阵，神完气足，蓄势待发，足堪列于书坛重宝而无疑也！其字体以汉隶为主，间有篆书遗风，如 ⿱ （上）、⿱ （冬）、⿱ （公）、⿱ （玄）等，甚而有大篆合隶者，如 ⿱ （雷）、⿱ （若），良有特色！

行文至此，《石头三国话曹家》告一段落，同时也介绍了先父李苦禅历劫犹存的数种珍贵的石刻拓本。这或许也可以使读者意识到，作为一名真正的中国书画家，理应具备的广博而精深的文化修养，其中"金石学"的修养应当说是必不可少的一项。有关这方面的文章，本人还会继续整理发表。由于近代种种的历史原因，人们对中华文明体系中的"金石学"疏远太久了，所以我们有责任钩沉补缺，传承下去！

2010年7月12日清晨于京华禅易轩

《魏上将军曹真残碑》初拓本（局部）

海上丝绸之路的历史明证
——泉州洛阳桥石刻

在家父李苦禅珍爱的石刻拓片中，有两幅很大的朱色拓本——宋代蔡襄所书《泉州万安桥石刻》，今年春节期间首次在上海图书馆公开展出并出版面世，意在弘扬名贯古今、惠及世界的"海上丝绸之路"的精神。

2013年10月，习近平主席提出共建"21世纪海上丝绸之路"的倡议。这一超越古今的宏伟构想，立即得到了国际社会的广泛关注和不少国家、地区的积极支持，成为构建"人类命运共同体"的一项具体方略。

福建作为21世纪海上丝绸之路的核心地区，泉州则属第一枢纽。2016年2月，国家明确，由泉州牵头，会同广州、宁波、南京全力推进"海上丝绸之路"联合申报2018年联合国教科文组织世界文化遗产。

泉州洛阳桥原名万安桥，位于洛江区万安街道与台商投资区洛阳镇交界的洛阳江入海口。它与北京的卢沟桥、河北的赵州桥、广东的广洛桥并称为中国古代四大名桥。始建于北宋皇祐五年（1053年），嘉祐四年（1059年）竣工，由泉州知州著名书法家蔡襄撰写建桥碑记。1988年由国务院公布为第三批全国重点文物保护单位。此桥是中国古代第一座跨海式大石桥，首创"筏形基础""种蛎固基"和"浮运架梁"等先进建桥技术，具有其独特的历史艺术与科学价值，在中国乃至世界建桥史上皆占有很重要的地位，亦是"海上丝绸之路"的重要标志性建筑。

宋代蔡襄所书《泉州万安桥石刻》上碑为青石质地，体量293厘米×163厘米×27厘米，碑文字径19厘米×18厘米，竖六列计78字，楷书。下碑为花岗岩质地，体量294厘米×163厘米×27厘米，碑文字径19厘米×18厘米，竖六列计75字，楷书。碑侧字为："1965年7月泉州市人民委员会仿旧碑重刻"。

原先上下碑皆全，后下碑毁失，六十余年之后，由其曾孙蔡橚重书，刻成下碑。"蔡橚，字子强，傅子，襄之曾孙也。大观三年（1109年）与从父伷同第进士，历官朝奉郎直秘阁知泉州，泉乃襄旧治。"（乾隆《仙游县志》卷36，文物志，仕绩）1951年5月此下碑被推倒破碎，1965年7月11日修复（《泉州文物志》）。近请友人前往考察，得此上下碑石刻与拓本的照片，但对照苦禅老人所藏朱拓本之后，深感实在逊色太多矣！故此朱拓本益显珍贵，今首次展于上海，诚为醒神悦目！苦禅老人有灵，当为己之藏品历浩劫而尚存，且能为弘扬新时代的"海上丝绸之路"增添异彩，必曰"幸甚至哉，歌以咏志"！

中央文史研究馆馆员李燕
2018年新春撰于首都

泉州万安渡石橋始造於皇祐五年四月庚寅以嘉祐四年十二月辛未訖功纍趾于淵釀水為四十七道梁空以行其長三千六百尺廣丈有五尺翼以扶欄如其長之數而兩之靡金錢一千四百萬求

《泉州万安桥石刻》拓片（上碑）

《泉州万安桥石刻》拓片（下碑）

会说话的石头

按：2011年，在北京画院成功举办了《苦禅金石缘》展览之后，"金石学"成了参观者们感兴趣的话题。毕竟，在同仁的回忆中，这类展览已至少缺席一个甲子了！而且，通过此展人们会发现，成就一位中国的书画大家，需要诸多方面的修养，仅金石文化方面就要下如此浩大而持久的功力。两层大展厅展出的，从先秦至汉魏、隋、唐、宋代的金石拓本皆系苦禅先生平生收藏的文物，尚且还有他相关的题跋手迹和金石学文字学的古版工具书，以及日课临摹的大量墨迹。为普及这方面的知识，本人应邀写了这篇文章，载于报刊并以此题开过学术讲座。

成语"言之凿凿"是形容话说得绝对确切有据，就像凿在石头上的一个个的字一样。说话之声飘走以后，再读出这一个个凿出来的字，不就等于石头在说话吗？

曹雪芹的《红楼梦》又名《石头记》，话说远古时候天漏了，女娲娘娘不辞辛苦炼石补天，最后剩下一块石头。那石上镌就有字形，抄记下来便称谓《石头记》了。这块石头究竟在哪儿？谁也不知道！但是咱们祖先在石头上凿字记事儿，却至少有三千来年的历史了！留下的石头多的是！每块石头都是"会说话"的，都承载着厚重的历史故事，就等您去找它、读它呢！

祖先办事很周到，觉得光把字刻在石头上还不够，又把几种石头炼成青铜，炼成铁，再铸成器物，铸的时候把字也铸上去，或者在铸好的器物上再凿字，那就更是"言之凿凿"了！当然也有在砖上刻的或模压的字，在玉石上琢的字，只是所占的比例很小罢了。

这些"凿凿之言"说的都是历史上重要的人和事。在东汉蔡伦发明造纸和唐代出现刻版印刷广传文明之前，固然早有用毛笔在竹简木牍和缣帛上写的字，与后来写在印在纸上的文字，相继传承着咱中华文明，反正有字的东西就可以"说话"，不断地说着中华民族万世不绝的历史。

话茬又回到了这金属器物和石头上的文字，它们早就得到了祖先的特殊重视，把解读和研究这些字的内容专开了一门学问，它就叫"金石学"。这金石学好比一棵大树上的一枚硕果，当然离不开这棵大树的滋养，这棵大树就是"国学"——中华传统优秀文化的总称。

国学大树不断壮大增长，与时俱丰。到了1898年，又发现了殷周时期刻在龟甲牛骨上的文字，这些字也"会说话"。于是，在国学大树上又添了一个新硕果叫"甲骨学"，在这儿就不多说它了，还是回到金石学的话题吧！

金石上的字，以石头上刻的字数量最多，应用与流传得也最广最久。它们与中华文化的其他门类交互影响，相得益彰。所以，如果要全面深入地了解中华文明，是一定不可忽视金石学的。

从商周到秦朝，往往把一些大事书文镌刻在石头上，可惜由于岁月风雨的消融，人为战争的毁坏，从目前来看秦朝以前的石刻文字只剩下两件套（中山国刻石与一套十尊《猎碣文》石鼓）。秦始皇暴统天下，五次出巡，刻石七处，自我歌颂，他儿子又补刻了一段。西汉的大历史学家、文学家司马迁还记录过此事，至今这些石刻已大多残失。但汉朝以后，石刻的文字就越来越多了！有记某人一生的碑，但并不树碑，而是埋在地下，又被后人发现后树立起来。也有从刻完起就树立起来的，如西晋时代的高句丽好大王碑。而"树碑立传""树碑记事"，下头再加个石头座子或石头大龟（正名要叫赑屃 bì xì），则是那以后逐渐时兴的形式了。还有记某人一生的墓志铭，石盖上刻官衔之类与姓名，下面的墓志刻上墓主人的"传记"，二者合一，埋在墓里。还有的大工程完工之后，把修建的大事刻在石壁上，后代过客也把称颂感慨的言辞刻在旁边。比如开通某个石门（隧道），建成某座石堰、石桥等等，多有勒石铭刻留下来的。还有名人墨客、皇帝权贵们，文思雅兴来劲的时候，大笔一挥把字写在山石上，镌刻留传。如三国时期曹操入蜀，途中写下的"衮雪"二字。北魏郑道昭在山东文峰山等山石上留下了大量的石刻诗文等等，这些被人们称为"摩崖石刻"，这类石刻数量越来越大，形式也最丰富多彩。例如全国最大的摩崖石刻是风流皇帝唐玄宗亲笔写的《纪泰山铭》（1320厘米×530厘米），您要登泰山必经此处，要读它，仰之落帽。还有字刻得最大的《泰山经石峪金刚经》一个字上足可蹲一个人！佛教从西汉元寿元年（公元前2年）传入中国之后，到公元4世纪至5世纪，尤其是南梁北齐时代兴盛至极，又经历朝历代不断弘扬。印度次大陆的佛经陆续译成汉字，出现了大字佛经的摩崖石刻，中小字的佛窟造像旁的石刻文字，石碑形式的佛经，石幢形式的佛经等等。世界上唯一的一大套刻了一千多年才完成的《房山石经》，更令世人惊叹不已！此外，对传播中华文化功德无量的"石头书"也早就出现了，像东汉皇帝下令镌刻的儒家经典石碑，就立在太庙门外，作为"标准版本"供天下学者抄录阅读。在这些石经林立的地方，由于各地前来抄录的人太多，车水马龙，曾出现了史上最早的"堵车"现象。在竹简帛书极难普及的时代，在还没发明印刷纸质书卷的时代，发明这种"石头书"真是极大地方便了广大读者。还有的石碑只讲识字，从右上到左下，从笔画少的到笔画多的常用汉字，一一排刻下来，每种字都是古今（当时）三种字体刻在那里，真是一部教人识字的"石头课本"。石头书招得很多人前来抄录，但抄写很长时间才能抄完，就有聪明人发明了一个办法"扫拓法"（"拓"读tà），就是把棉纸贴在抹了墨的石碑上，用大刷子小心地扫，于是很快一张黑纸白字的"石头书"就印出来啦！为了让字迹更清楚，又发明了"传拓法"也称"棰拓法"，这样生产的纸拓"石头书"就称为"拓片"或"拓本"，这对于传播文化实在是大功大德不亚于印刷术的发明！有了这种办法，宋朝皇帝不仅可以效法汉魏刻制《石经》，还可以命高手把古代名臣和大书法家的书法珍品刻在木头上和石头上，做成拓本广为传世。这些木石在天灾人祸中毁失后，后人又可以依据古传拓本复制，重刻于石头上，让它们继续流传。这当然都是"石头说话"的延伸了，这里先打住吧！

话题还是回到"金石学"的诞生好了。早在唐朝就有人重视到了金石文字的特殊文化价值，在这方面的研究工作积淀到了宋朝，重视和研究它的人就多了，而且他们大多是著名的人士，他们共同研究的成果就是"金石学"的诞生。他们为中华子孙留下了许多宝贵的著作和感人至深的故事。例如宋代文人中的模范夫妻赵明诚和李清照，全身心都投入到了文物搜集和金石学的研究上。二人赶庙会，那里卖什么的都有，二位只寻找研究资料，忽然发现一件"好东西"，可是腰包里没钱了，怎么办？把外衣脱下来也要把这件东西换回家！他们立志要把搜集并研究过的好东西写成一部《金石录》，但赵明诚不幸过早病逝，金兵又打进了宋都汴梁，兵火无情地焚烧了他们的大部分文物。李清照也随着难民南迁（史称南宋）。她克服了种种艰难，终于在1132年完成了丈夫未竟的著作《金石录》。如果您读一读她为此书写的《金石录后序》，眼泪会流到心里去的。

宋亡之后，到了元、明两朝，"金石学"可就衰微了。直到清代随着出土金石器物的增多，一些文人对历代铜器铭文和石刻文字的历史价值、书法价值的高度重视，使"金石学"日趋丰沛，大成气候。到了清末和民国初年已形成了"金石学"空前兴盛的势头，搜集了大量而系统的金石拓本，留下了空前丰富的著述，已经影响到了众多的文化艺术门类，实在蔚为大观！

然而此后的祖国，内忧外患已接踵而来，国家民族命悬一线，这"金石学"也就只能无奈地冷在一边了。不过，纵观中华历史，她的文明几经险厄摧残，却仍能险而不绝，总能代不乏人地传承下来。这一切全靠一些不计个人得失而把祖先文明事业视为生命的人士，倾尽终生精力，如"天行健，君子以自强不息"，竟甘愿以一家一户一人的微薄之力拼命地干着千古不朽的事业！这无数有名和"无名"人士的"个人行为"数千年不断地聚集，形成了全中华民族的璀璨文明，奉献于全人类！如忍辱负重的司马迁成就了《史记》，六次科考不中的吴承恩写下了《西游记》，穷病而亡的曹雪芹留下了《红楼梦》……简直不胜枚举啊！

因此，在"金石学"冷遇的近代，仍然有一些"个人行为"在艰险环生的命运中，依旧钟情于无利可图的"金石学"，再现着先贤们的伟大精神！

及至1966年开始的十年文化浩劫"文化大革命"，"金石学"在一片"破四旧"的妖风魔瘴中如同"国学"一样，连这两个词汇都消失了！近几十年中，咱中国人还有几个记得"国学"和"金石学"呢？至于被砸毁、熔化的金石文物更难以数计，对于金石学的空前灾难，每每想起，就会令良知战栗，良心流血！

然而，千年古典《易经》告诉我们一个道理：否极泰来——事情坏到了极点就该往好上转化了！中华圣哲老子也早说过了"不道早已"（缺德无道必快死亡）。

1976年金风肃杀之秋，祸国殃民叛逆文明泯灭良心的"文化大革命"终于气数尽了！阴阳复位，国家命运复生，其重要的征兆是中华文明的再兴。如今，"国学"这个词就如同电视节目《百家讲坛》一样，已不再是大家生疏的名词啦！更由于有国家政府行为的参与，现代科技力量的综合投入，社会上一些文化单位的理解与支持，使得"广义金石学"的涵盖面更大，可供研究的资料更多更系统化了。这都为中华金石学的复兴营造了空前良好的人文环境，令人振奋！

中华金石学是世界文明中独特的一门学问，是值得我中华民族骄傲的事。在当今国际环境下，我们理应让全世界像知道我国"四大发明"一样也知道它，让它丰富世界文明，这就首先要让国人同胞们能够知道它，并且把这件事与重振中华文明的千秋大业联系在一起。为此，我们先要从一点一滴的"小事"去扎扎实实地做为宜。两千多年前的中华智者就说过，因为总不做自以为"大"的事，所以才成就了大事，"以其终不自为大，故能成其大"（老子《道德经》）。今天我们遵照祖先的教导，从苦禅大师珍藏的金石拓本——《会说话的石头》作为切入点，为"金石学"做点小事，意在重新引起大众对"金石学"的兴趣吧！

李 燕
2011年春月于京华禅易轩

《石猴图》

悟道・共生・天成

悟道——上下求索

苦禅先生爱读书，作画之余，便以读书为要。他对书的选择很严格，对经典反复研习，常摘出成句，挥毫于宣纸上，以为座右铭。

苦禅先生说："中华文明是一个博大的整体。只作画是小道，因为画之上有书法；书法之上有古典诗词等等文学；文学之上有音乐，音乐高者有无弦之琴，无声之乐；音乐之上有中华经典：老庄、禅、易、儒。所以，如果有绘画以上的全面修养，笔下的画就有深厚的底蕴，否则就只有纸和钱那么薄。"

苦禅先生部分藏书照片

年已八旬的李苦禅仍有每日看书的习惯

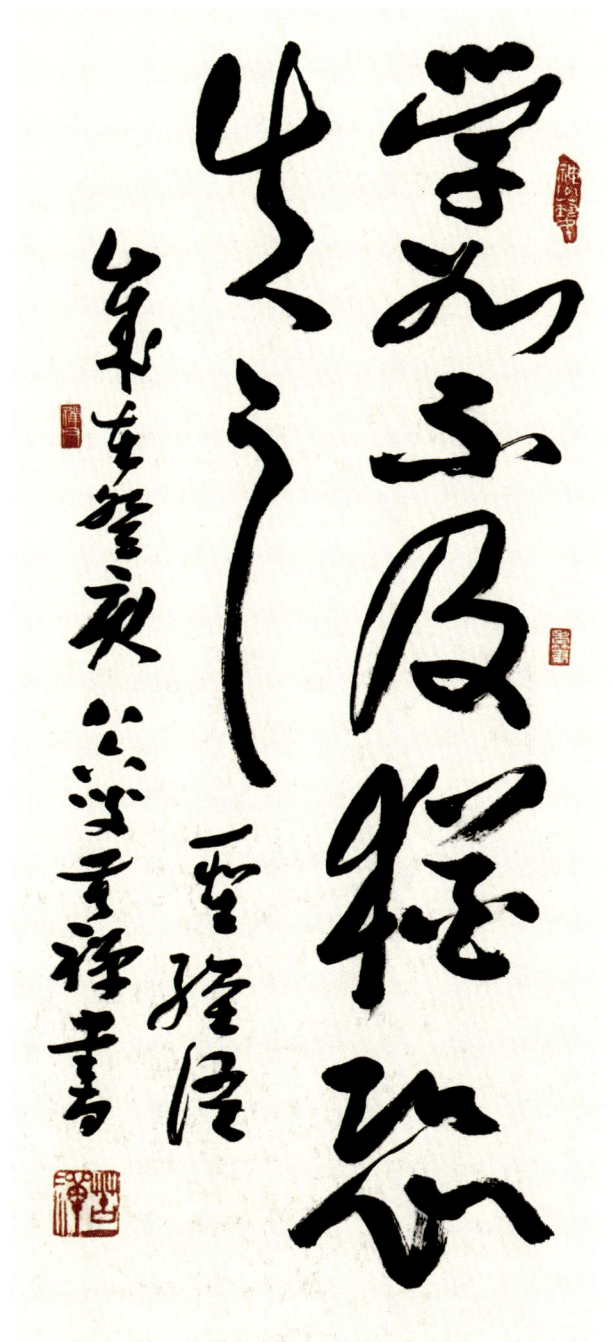

《学如不及犹恐失之》（1983年书孔子语录）
91厘米×39.5厘米

论说新奇足起余，吾门中有李生殊，
须知风雅称三绝，廿七年华好读书。
——1924年齐白石题李苦禅画

共生——书画源一体

苦禅先生讲:"写意画是用书法笔趣写出意象的画。"又认为"书至画为高度,画至书为极则"。此观点将"书画同源"又"书画分流"之后,书法与写意画的相互关系概括地阐述清楚了。

"书为心画"本是汉代扬雄的精辟见解,苦禅先生又合之"随缘成迹",则将中华禅宗哲学的观念融会其中,深刻发扬了中国书法的美学思想。

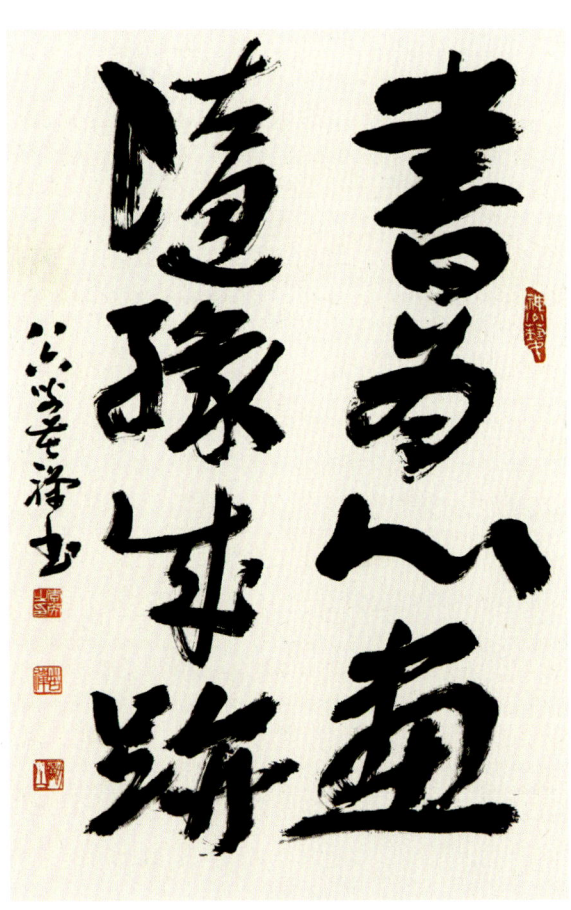

书为心画,随缘成迹

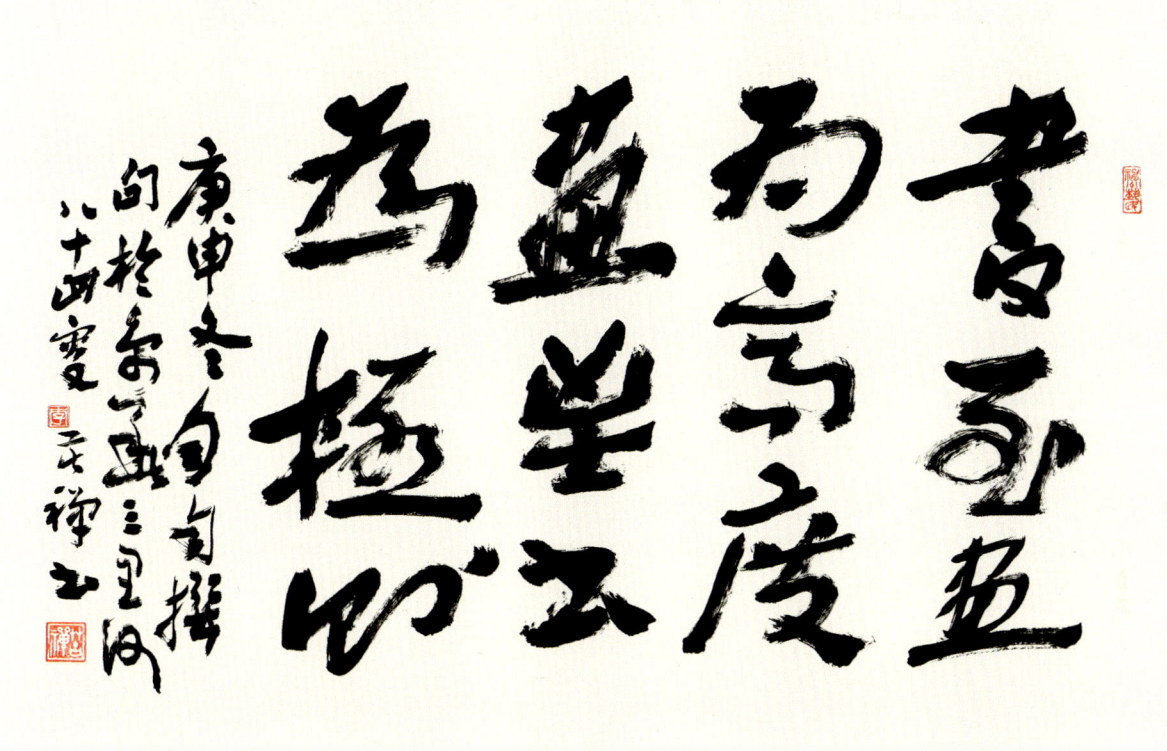

书至画为高度，画至书为极则

临摹碑帖是苦禅先生每日的"功课",晚年亦无稍懈

天成——金石之美

苦禅先生对恩师齐白石说："以治印之道将金石美融入画里，吴缶老与您已经达到顶峰，今后步此途径者难以超越您二老了，不如广纳金石、汉砖石画的拓片，路子更宽。"遂即将一些拓片给白石翁看，白石老人极感兴趣，当即奏刀，拟汉砖石画，刻了一方"牵牛不饮洗耳水"的古典题材，拓出后极为满意，弟子苦禅也非常高兴，请老师赐此印拓，白石翁即拓出此印，并题字赐予弟子李苦禅。

（摘自北京画院收藏并出版的《齐白石作品集》）

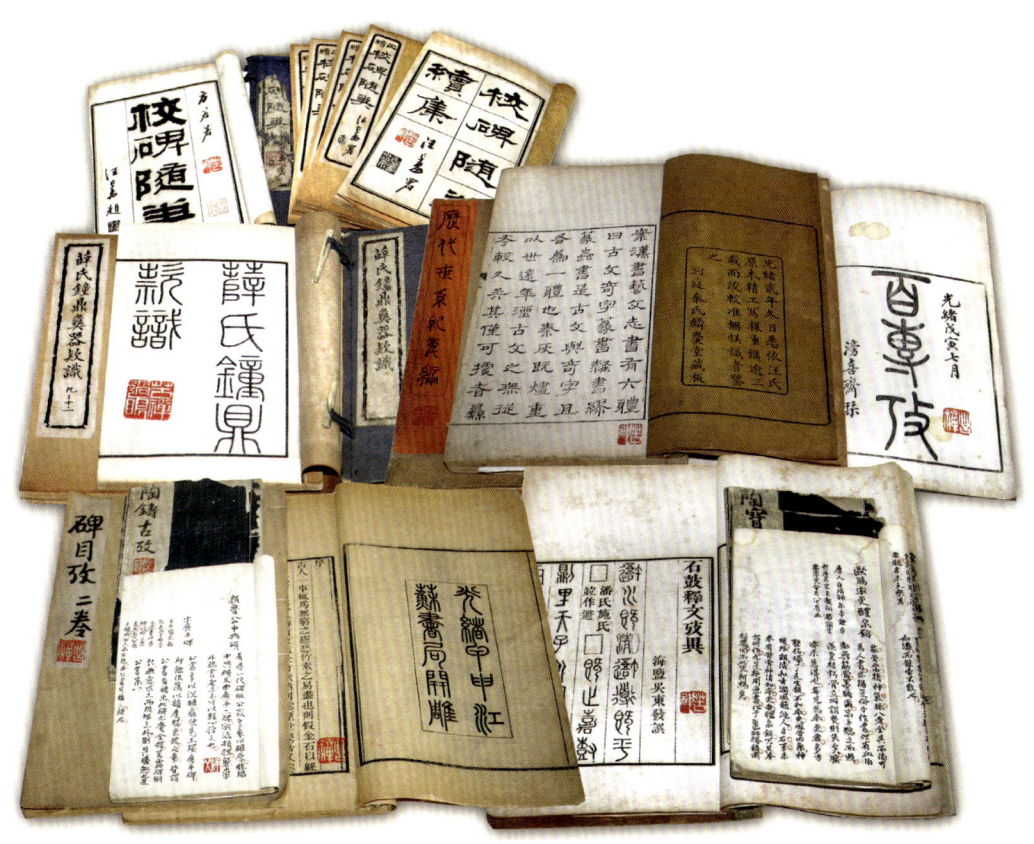

李苦禅先生为探讨金石学与金石审美所用的部分参考书

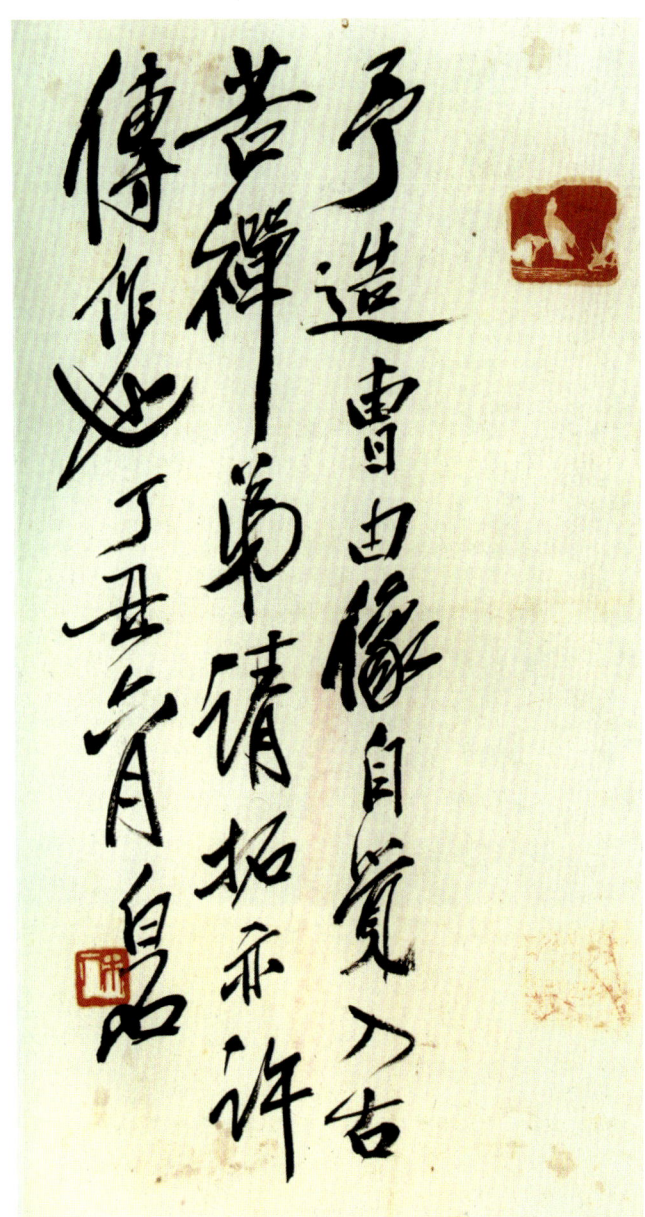

齐白石赠李苦禅印拓"牵牛不饮洗耳水"（1937年）

释文：洗耳图。苦禅弟属拓。白石

予造曹由像，自觉入古。苦禅弟请拓，亦许传作也。丁丑（1937年）六月。
白石

苦禅先生收藏金石碑帖精选

苦禅先生平生非常重视搜集古代传世的金石拓本,渐成系列,从先秦直至汉、魏、晋、隋、唐与宋代珍品,时常观看揣摩,倾心临写。此书仅从其许多珍藏拓本中遴选十八种,有的拓本系初拓原拓本,有的堪与国家藏本比肩,甚有超迈者,足见来之不易,且藏之尤历艰辛。今付出版,与广大读者共享,亦属家幸国光。

苦禅先生所藏金石原拓本甚多,从先秦至唐宋已达200多种,其中有极其珍贵的拓本,例如魏《曹真残碑》初拓本(有"诸葛亮"三字)、先秦《中山国石刻》初拓本等,与大量碑帖石印、影印本。

曹真残碑初拓本

魏《曹真残碑》晚清出土，只留残石，初拓本极少。1916年鲁迅《丙辰书帐》里记有："31日。陈师曾示《曹真残碑》，'诸葛亮'三字未凿。"至1960年前，残碑已展于故宫石刻馆，但大部分字已被拓片商凿坏，故此石初拓完整本极珍贵。李苦禅再三叮嘱李燕妥善收藏。此系古碑唯一记诸葛亮与魏吴战事者，书法与金石史学价值极为特殊。李燕已将此碑的历史内容详细写入《石头三国话曹家》一文。在须要全面坚守中华艺术传统的新时代，研究金石学和金石美是不可或缺的一课。

三国魏上将军《曹真残碑》初拓本（有"诸葛亮"三字）

散氏盘铭原拓本

"散氏盘"为西周厉王（公元前857—前842年）时期青铜器，盘高20.6厘米，口径54.6厘米，铭文19行357字。主要内容为夨（cè）王侵占散邑，引起纠纷，最后散氏获胜，获得赔偿。

"散氏盘"所有的笔画都向右下倾斜，线条古朴、厚重、随意，笔法变化丰富，字体结构也是左高右低，字势略带扁圆，横向取势，整体奇异放逸，凝重遒劲，妙趣横生，是临习金文的重要范本。

此器乾隆年间出土，原藏扬州盐商洪氏处，嘉庆十四年（1809年），两江总督阿林保购得献给皇帝作生日贡物，遂归内府收藏，现藏台北故宫博物院。

散氏盘铭原拓本

虢季子白盘铭原拓本

虢季子白盘为西周宣王（公元前827—公元前782年）时铜器，亦称《虢季盘》《虢季子盘》。此盘出土于陕西宝鸡虢川司，村人以之当水槽饮马，清道光年间为郿县令携归；同治甲子（1864年）4月，为淮军将领刘铭传获得；1952年2月，刘氏后人将之献呈中央人民政府，该盘现藏中国国家博物馆。

此盘是现存商、周青铜器中最大的水器，高39.5厘米、口长137.2厘米、口宽86.5厘米，重215.3公斤；长方形，四委角，腹下敛，平底，曲尺形四足；腹饰窃曲纹、环带纹，四壁各有突出的兽首衔环耳一对；内底铸有铭文8行110字。其内容记述虢季子白奉周王之命抗击匈奴获胜而归，庆功受赏之事。铸器铭文是研究西周战争史的重要资料，同时全文押韵，每句四字，采取诗的格式，具有很高的文学价值。

此铭字形结体注意变化，字迹匀称圆润，笔势流畅洒脱，通篇观之，纵横成行，左右布白合理，行距相宜，一行之中，字距间隔均匀而无松散之弊，给人以和谐爽目的感觉。

虢季子白盘铭文和散氏盘铭文同为西周晚期金文，在我国文字发展史和书法艺术史上占有重要的地位。

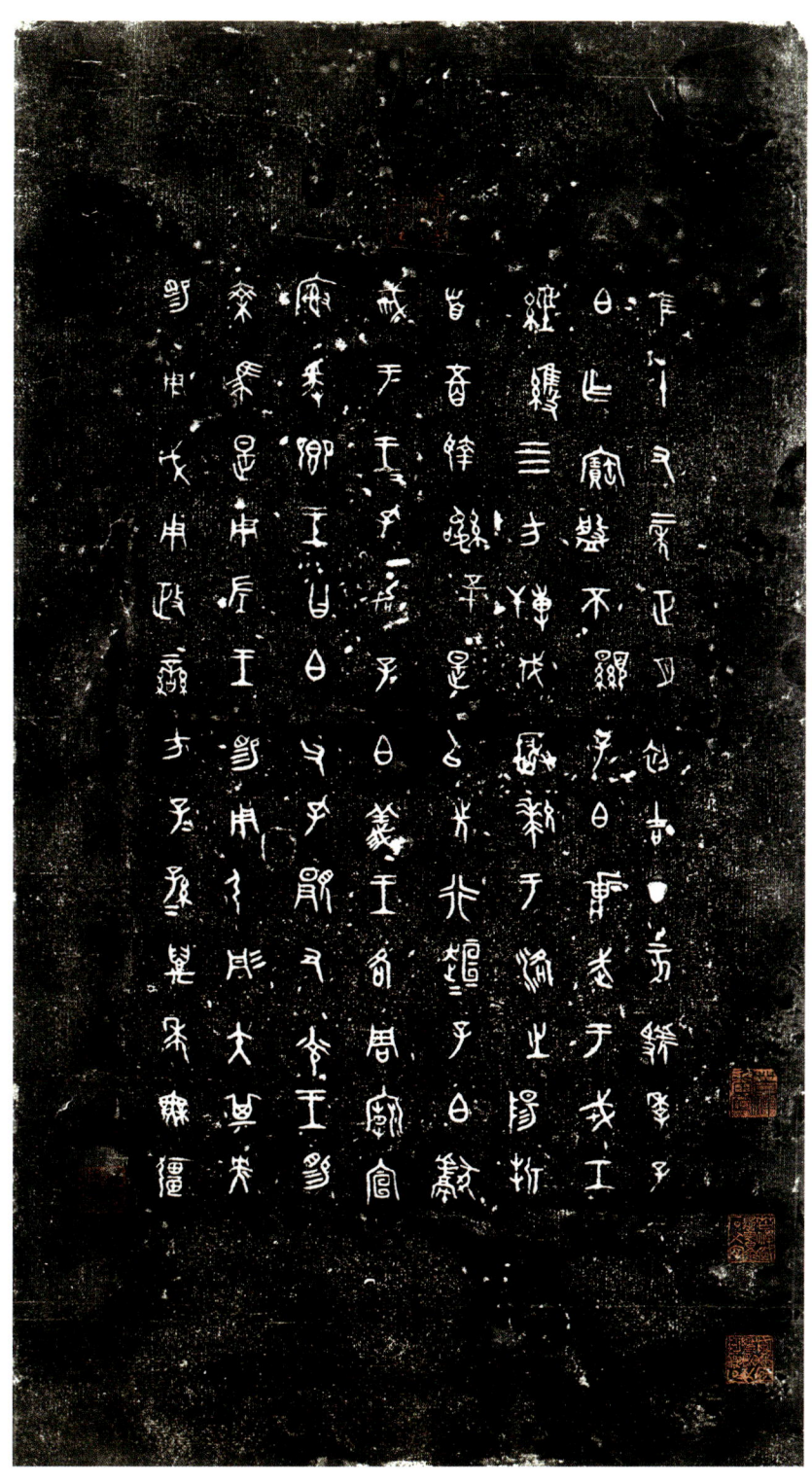

虢季子白盘铭原拓本

中山国石刻文字初拓本

在"文化大革命"结束前夕,我被第二次送去接受"改造",地点是石家庄干校。其间,偶听得当地友人谈及,在不远的平山县,发现了春秋时代的古墓,并言及那里有一块大卵石,上有石刻文字云云。这立即使我这颗敬祖追远之心为之一动。我连忙自制了简单的拓印工具,并由当地一位部队友人提供了一辆吉普车,驱车往平山县的七汲公社,终于见到了存放在农具库的那块大卵石。此石较平的面刻有篆书两行,计19字。据当地人说,此石来历不凡,原是一位农民在抗日岁月发现于此地小丘上的,他无意中看到石头下边露出字迹,翻过来始见全貌。他认定这是祖先遗物,万万不能落入日寇之手,于是赶忙拉来马车,运回家中,埋藏起来。时下老人将此石献给了国家。这实在是一件爱祖国爱文物的义举。我当即抓紧时间拓了约六份吧,因此,我这些中山国刻石拓片便成了珍贵的"初拓本"了!

对于此石刻成的年代,有人认为它略早于原先公认为"中国最早石刻文字"的秦国"石鼓文",有人认为它略晚于"石鼓文"。但无论如何,在当今所有的中国石刻文字拓本宝库中,中山国刻石文字的初拓本理当列在老祖宗的头排地位,这是无疑的了!本人得此亲手初拓的机遇,诚乃文缘大幸也!

此石的文字,要比"石鼓文"更难认识,因为"石鼓文"系秦国文字,秦后来统一六国文字时,多参照秦国文字定型,故相对来说较易考据认识。但此石文字尚属未统一时的地方文字,所以认识难,本人非文字专家,谨以浅见薄识将管窥心得陈于读者,以供参考,更企指教。

该石19个字是"监罟右(囿)臣公乘,得守敜,其齿将曼,敢谓后乎?稽首。"拙释如下:"监",监管也。"罟"网也。"右"通"侑",例如《周礼》

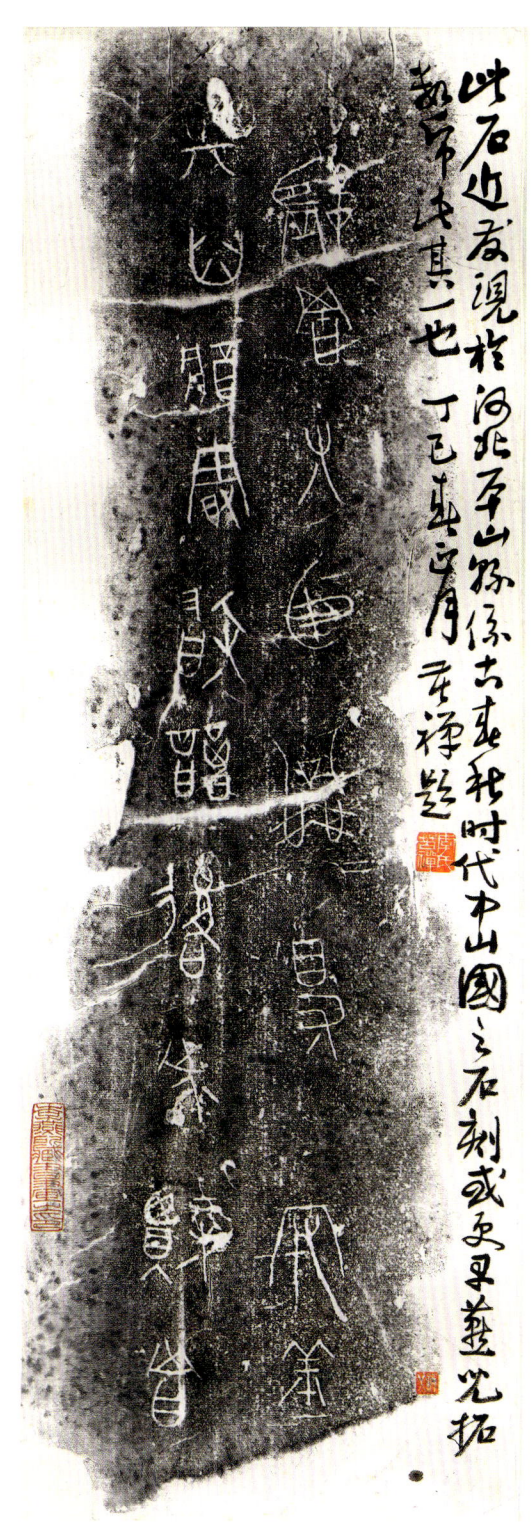

中山国石刻文字初拓本

"以享侑祭祀";"侑"通"宥",例如《管子》:"文有三侑,武毋一赦";"宥"又通"囿",例如《吕氏春秋》:"夫人有所宥者";"囿"是畜养禽兽的园地,例如《孟子》:"文王之囿方七十里"。"臣",官职也。"监罟囿臣"即监管贵族家狩猎与畜养动物园地的官。"公乘",疑系此官的名字。"得守羔",即得任"守羔"的职务。"守",掌管也,例如《左传》:"山林之木,衡鹿守之";"羔",小羊也。春秋时代,"羔"是上层人物挚礼之物,《礼记》云"凡挚……诸侯圭,卿羔。"由此可见,此园的主人地位当不在"卿"以下吧?"其"是表示揣测的语气词,例如《孟子》:"其无后乎"。"齿",门牙也。"将",副词"且"、"又"也。例如《诗经》:"将恐将惧"。"曼"柔细之美也,例如《韩非子》:"曼理皓齿"(柔美的皮肤肌理,洁白的牙齿)。"敢",冒昧之意也,例如《左传》:"敢布腹心"。"谓",告诉也,例如《韩非子》:"楚王谓田鸠曰……"。"后",以后也。"其齿将曼,敢谓后乎?"即:"是否(羔羊)日后能长得齿足而且皮毛柔美?请问(上苍)能告诉我吗?""稽首",叩头及地之礼也。

综上所述,这件石刻文字的内容,是在日趋"礼崩乐坏"的当时,一位管理园囿的小官,在私下卜问的记录。故既具历史价值,更具无可替代的书法价值。此石文字的行气、结体匀整清秀,类乎金文。

此拓本我交予先父苦禅老人过目时,老人把玩良久,援笔题道:"此石近发现于河北平山县,系古春秋时代中山国之石刻,或更早。燕儿拓数纸,此其一也。丁巳(1977年)春正月苦禅题。"

不久,我即将此石拓本一份交予当时的文物管理部门。当我再见到它时,它已遵列"甲级文物"了,正陈列于故宫博物院展厅,我与观众只可隔栏远观而不可近抚矣!又岂能再拓?由此,我益感亲手初拓的中山国石刻文字多么可珍可贵!

秦石鼓文原拓本（十件中之三件）

秦石鼓文，为战国时代秦国刻石。石鼓共有十枚，形似鼓状，每件石鼓上以籀文刻四言诗一首，共十首，其内容为记述秦王游猎之事，故石鼓又称为猎碣。石鼓文书体介于古文与秦篆之间，或称"大篆"，是研究我国大篆，以及由大篆演进为小篆的重要资料。其书法体态浑穆，画如屈铁。清康有为《广艺舟双楫》中说："金钿落地，芝草团云，不烦整截，自有奇采。""'石鼓'既为中国第一古物，亦当为书家第一法则。"潘迪《石鼓音训》则说："字画高古，非秦汉以下所及，而习篆籀者，不可不宗也。"今藏在北京故宫博物院。

苦禅老人有一次翻阅《石鼓》拓本，慨叹道："要是没有《石鼓》也出不了缶老（吴昌硕），没有缶老也出不了齐老师（白石）啊！"他将《石鼓》的艺术元素与精神对吴、齐二位巨匠的产生，竟做如此崇高的评价，可见苦禅先生对《石鼓》的重视。

《石鼓》在大唐时代即已发现于岐州，大名鼎鼎的文人、诗人、书家如韩愈、韦应物、欧阳询、褚遂良、虞世南等都对此遗珍赞叹不已。尔后历经五代乱世失散，宋初又觅全。金兵入汴京，日寇侵华，又几经失散之险。历史对它的磨难在它身上留下了历历伤痕，却弥显珍贵。原有的七百余字到了大宋欧阳修见到时尚存465字，到清乾隆时只剩322字，而今则残留250多字了！宋代金石学家薛尚功所著《薛氏钟鼎彝器款识》之中也分明于卷七列入了《岐阳石鼓》，且依编号摹下了篆文并加附了释文。然而随着元、明金石学的衰微，这类著述也似乎沉没了。清代以来，金石学大盛，又似乎突然发现了薛尚功，发现了唐宋有识之士们对《石鼓》的器重，《石鼓》已呈"石鼓学"之势，也只有在如此人文环境中《石鼓》才进入了吴昌硕的视野和心田，才使吴昌硕的书画产生了前无古人的"金石魂"，从而影响到了齐白石和真正领会他们这种理念的弟子们。李苦禅先生正是在吴、齐的"金石魂"理念下收集、观赏《石鼓》的。他得到的拓本尽管不是最好的（最好的三种拓本都被不识国珍者卖到了东邻），但这并不妨碍他对《石鼓》的崇敬。这里仅展出苦禅老人所藏十帧《石鼓》原拓本的三帧。

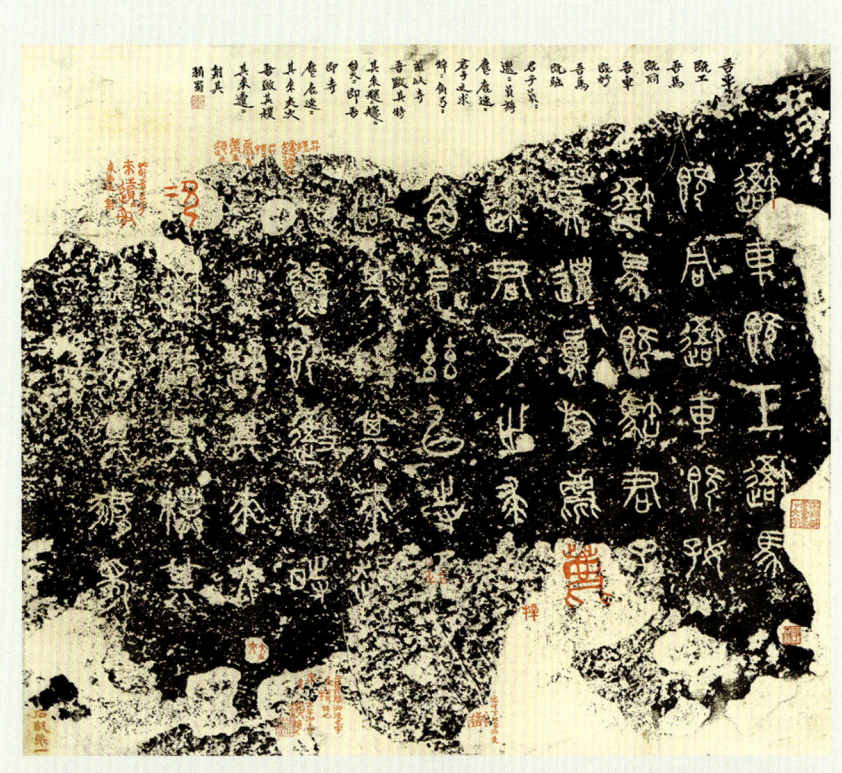

秦石鼓文原拓本（一）

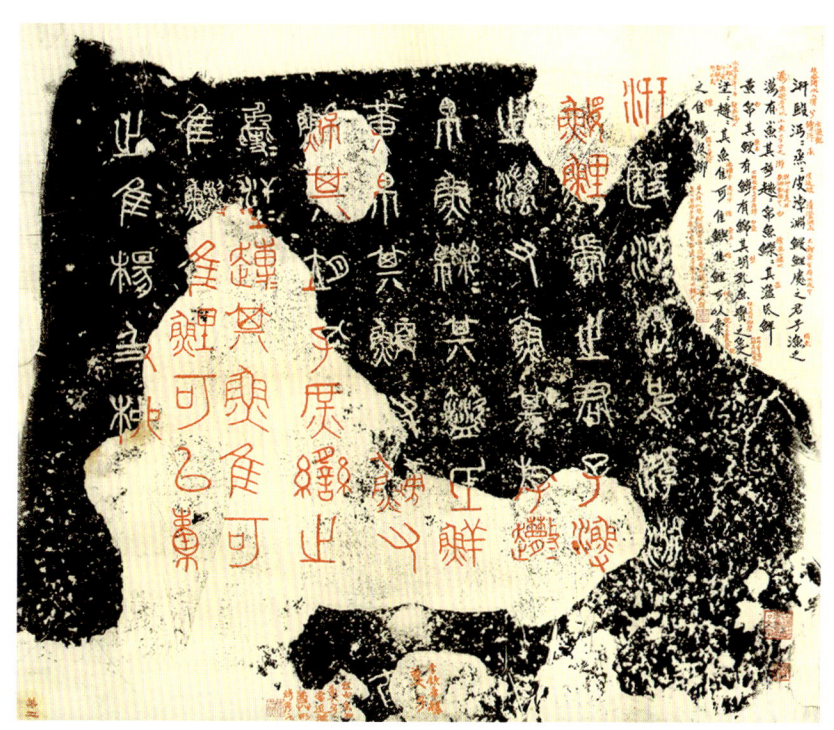

秦石鼓文原拓本（二）

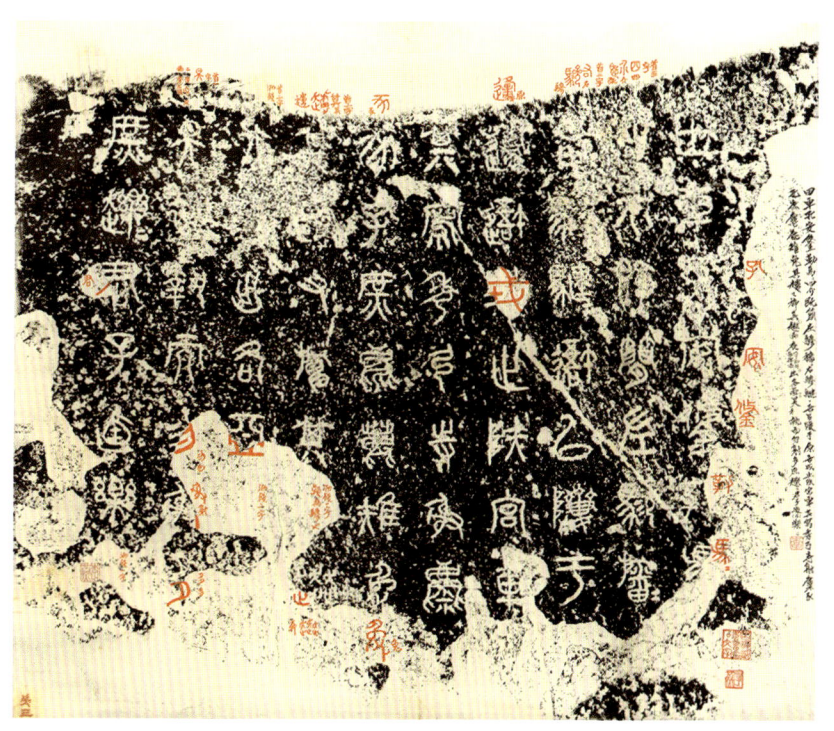

秦石鼓文原拓本（三）

开通褒斜道刻石

汉代是中国书法史中的一个鼎盛时期,汉承秦制,朝廷官方文书以篆书为主,但并非琅琊、泰山石刻那样的"小篆"体,而是更像后来新兴之隶书的笔法与体式。至于民间及下层官吏则通用隶书,因隶书比篆书省易,且书写快捷方便,富于旺盛的生命力,因而促使上层统治者在诏书、金石刻辞及官方文件中广泛地使用,推动了文字的发展,致使隶书成为汉代的主要书体。

《开通褒斜道刻石》,又称《大开通》,全名《汉鄐君开通褒斜道刻石》。东汉永平六年(66年)刻,隶书16行,行5字至11字不等。石在陕西褒城(今勉县)北石门溪谷道中,为现存东汉摩崖刻石中之最早者。宋时此石为南郑令临淄晏袤所发现,刻释文于其旁,后被苔藓所掩,六百余年不为人知,直至清时才被发现,复流传于世。

《开通褒斜道刻石》是汉隶碑刻中的大字,除《大吉买山地记刻石》外,为少见的石刻大字之一。大字更注重于气势,其行气及整幅布局随字形大小自然配合,气息畅通而整体统一。清杨守敬《平碑记》载:"按其字体,长短广狭,参差不齐,天然古秀若石纹然,百代而下,无从摹拟,此之谓神品。"

李苦禅极爱此刻石,曾跋道"古碑,尤其摩崖,年远日久而字画石痕岂屋漏迹真珊瑚枝、金刚画矣!且石经风雨蚀,宛然山水画,可宝也!"

此刻石拓本,据清方若《校碑随笔》记:"最旧本'钜鹿'二字未损。"现以"钜鹿"二字未损本展出。

《开通褒斜道刻石》拓本

西岳华山庙碑（四明本）

　　此碑立于东汉桓帝延熹八年（165年），为著名汉碑之一。碑额书"西岳华山庙碑"六字篆书，此碑在唐宋时即被重视，是有名的汉碑。碑原在陕西华阴县西岳庙中，明嘉靖三十四年（1555年），陕西关中发生大地震，碑被震毁，今残碑亦不复存。碑文主要记述古代帝王封禅山川、祭祀天地的情况。

　　碑文隶书，结体方整匀称，气度典雅，点画俯仰有致，富于变化。历代书评家和金石家曾给予此碑的书法艺术很高的评价，明郭宗昌《金石史》称其"结体运意乃是汉隶之壮伟者"。清朱彝尊《金石文字跋尾》中说："汉隶凡三种，一种方整，一种流丽，一种奇古。惟延熹《华岳碑》正变乖合，靡所不有，兼三者之长，当为汉隶第一。"翁方纲《两汉金石记》中评说："朱竹垞于汉隶最推是碑。""此碑上通篆，下亦通楷，借以观前后变革之所以然，则于书道源流是碑为易见也。使人易见者，非其至者也。"

　　李苦禅与包于轨二位艺友对此碑评价极高，与朱公所评相似，认为论间架与笔法多变而不失大气典雅，实属汉碑隶书之首。因拓本极少，海内外仅传四本，唯此本为整幅全拓，故当年得此印制本，亦感有幸。1975年有香港人士捐于故宫，诚为国家幸事。

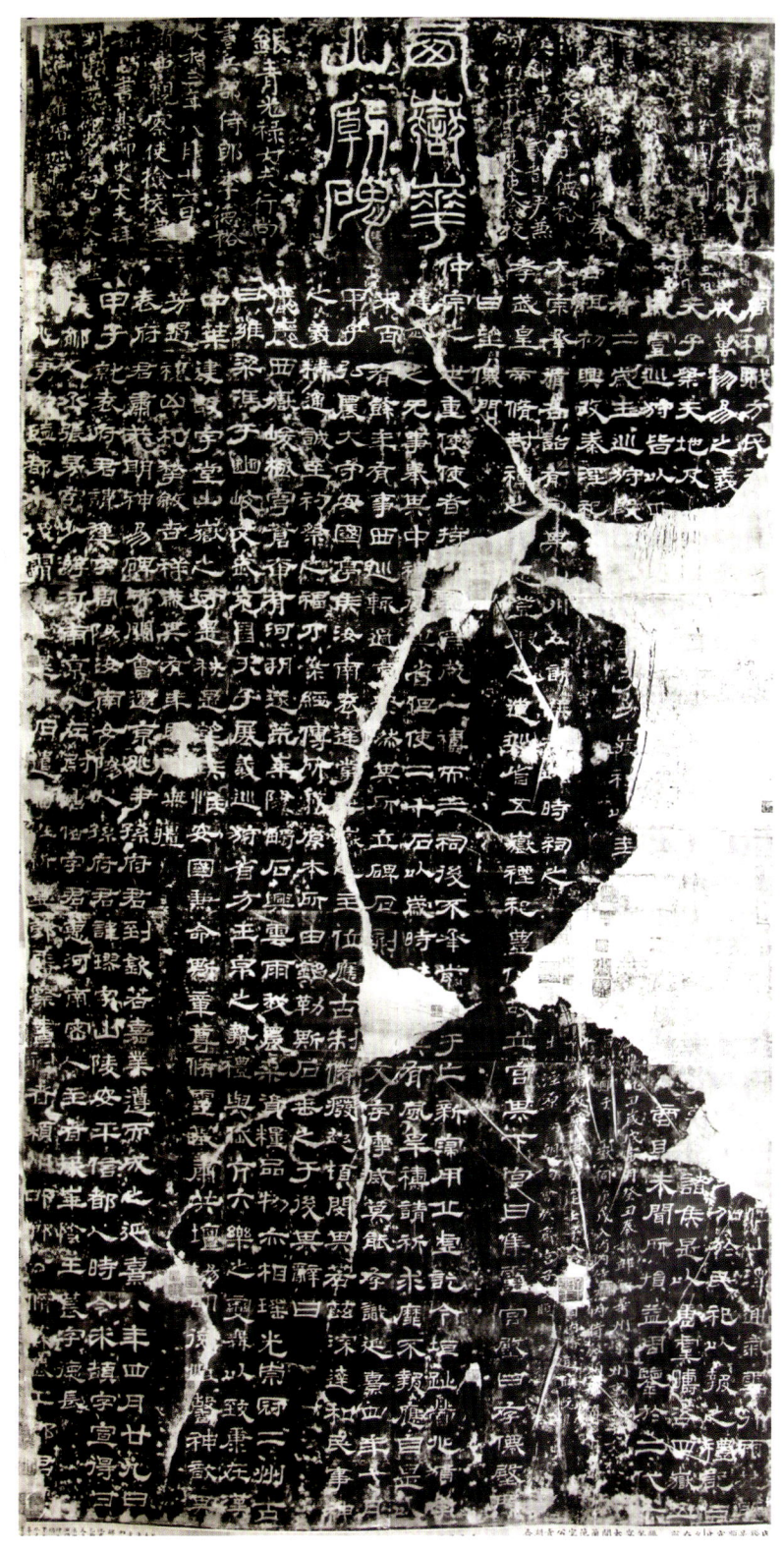

《西岳华山庙碑（四明本）》拓本

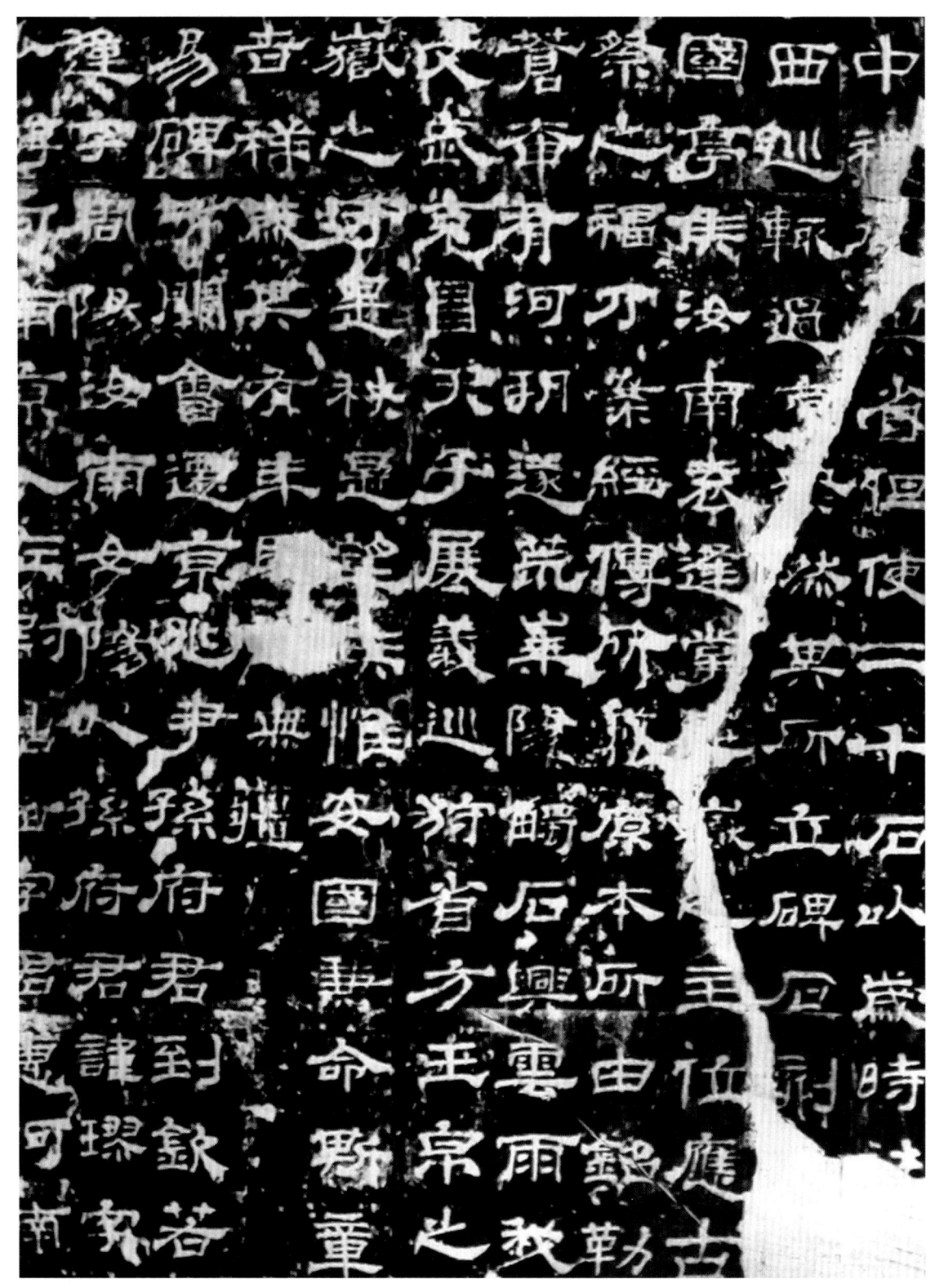

《西岳华山庙碑（四明本）》拓本（局部）

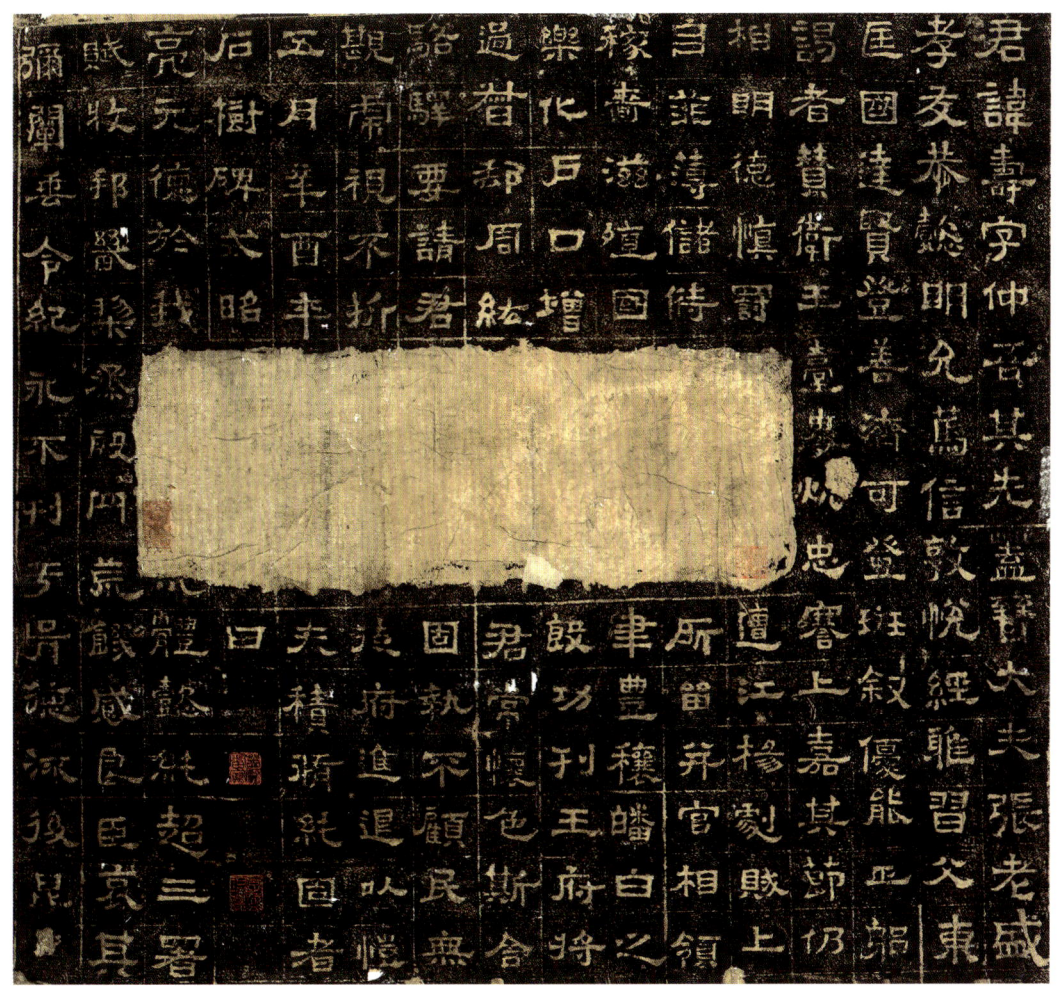

《汉仲吾残碑》拓本

《汉仲吾残碑》是因不识宝之人将其截断并凿一长方孔，做建筑材料用。故此碑"几无知名度"，但苦禅先生以其书法与《西岳华山庙碑》有异曲同工之妙，而且因砌入房屋，少遭风雨剥蚀，字口很清楚，便于临摹，很珍爱之。其弟子谷谿研究金石，认为此本很罕见，或为孤本。

天发神谶碑

《天发神谶碑》又名《天玺纪功碑》。因文字分刻三石，故又称《三段碑》。它的书写者是大名鼎鼎的皇象。三国吴天玺元年（276年）七月立。原碑为幢形。刻于江宁（今南京）天禧寺。后移置尊经阁下，清嘉庆十年（1805年）三月不慎失火，此碑尽毁。

关于此碑有这样一个记载：264年，三国吴孙皓继帝位，由于他残暴昏庸，政局日益不稳。276年，改元天玺。为了稳定人心，佯称天降神谶文的舆论，以为吴国祥瑞。刻碑于一巨大的矮圆幢形石上，立于江宁（今南京）天禧寺。后碑石断为三截，故名《三截碑》。

齐白石的篆刻与书法得益于此碑，是非常明显的。

《天发神谶碑》拓本（局部）

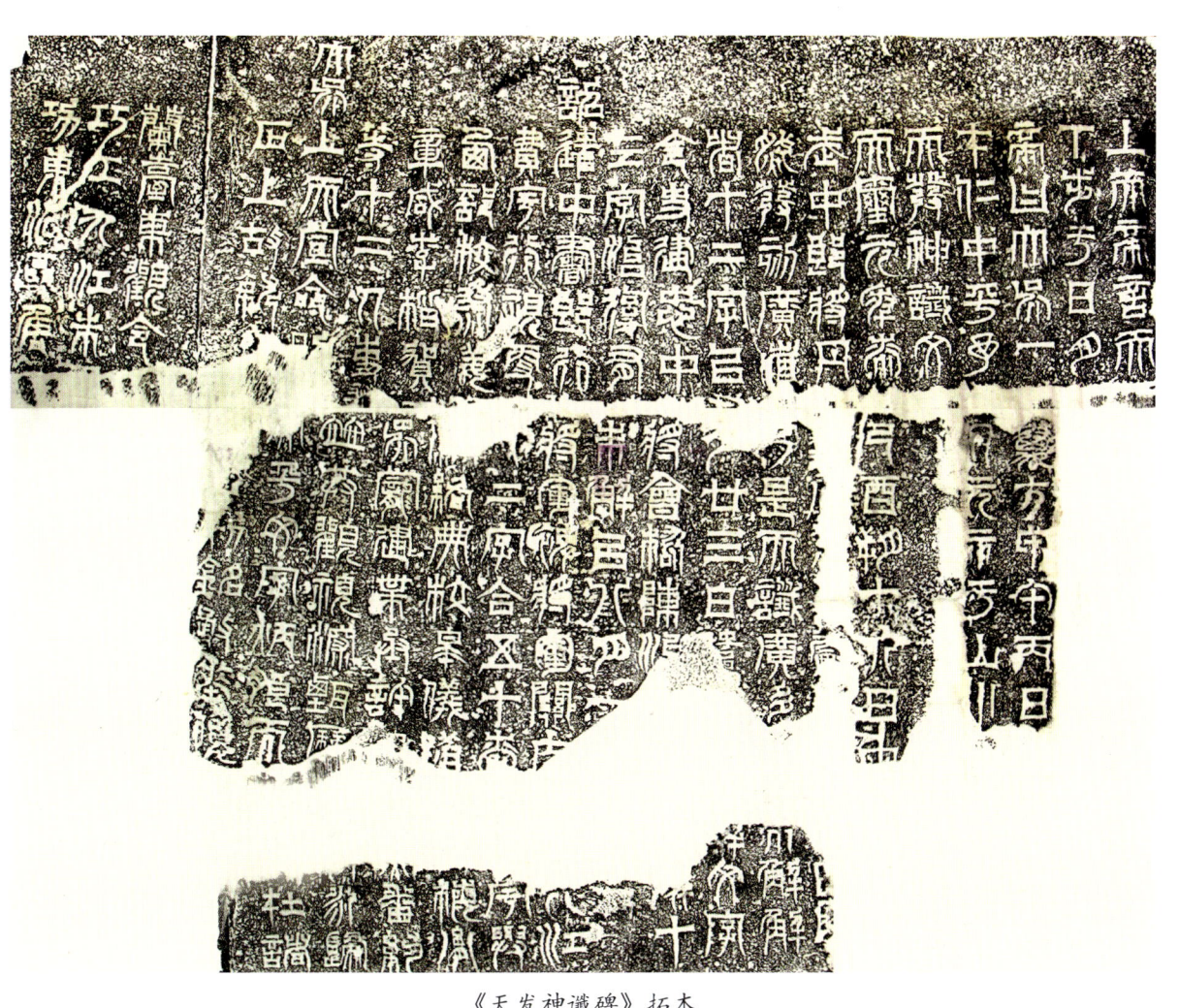

《天发神谶碑》拓本

石门铭

　　《石门铭》北魏永平二年（509年）刻，摩崖作品，王远撰文并书丹，武阿仁凿字，原刻在陕西褒城县东北褒斜谷石门崖壁，今已割移藏于陕西汉中博物馆。记载了当时秦、梁二州刺史羊祉、左校令贾三德再度开通关中至四川的褒斜栈道的过程。王远正史上并没有记载。此铭书法出自《石门颂》《西狭颂》等碑，与汉代《石门颂》并称双绝。此铭书法圆浑劲健，飘逸洒脱，浑穆飞动，飞逸奇伟。康有为评为北魏圆笔之宗，列为"神品"，对此评价很高，康有为也以临此铭而擅书名，他曾有"《石门铭》为飞逸浑穆之宗，《郑文公》，《瘗鹤铭》辅之"的说法。

　　《石门铭》是北魏摩崖石刻的代表，也是中国书法艺术发展史上的一座丰碑。因崖面广阔，大书深刻，笔阵森严，气势雄峻，故而书风自然开张、意趣天成，表现出大朴不雕的阳刚之美，堪称鸿篇巨制。李苦禅认为"欲令圆笔苍劲厚重，当摹《石门铭》。"

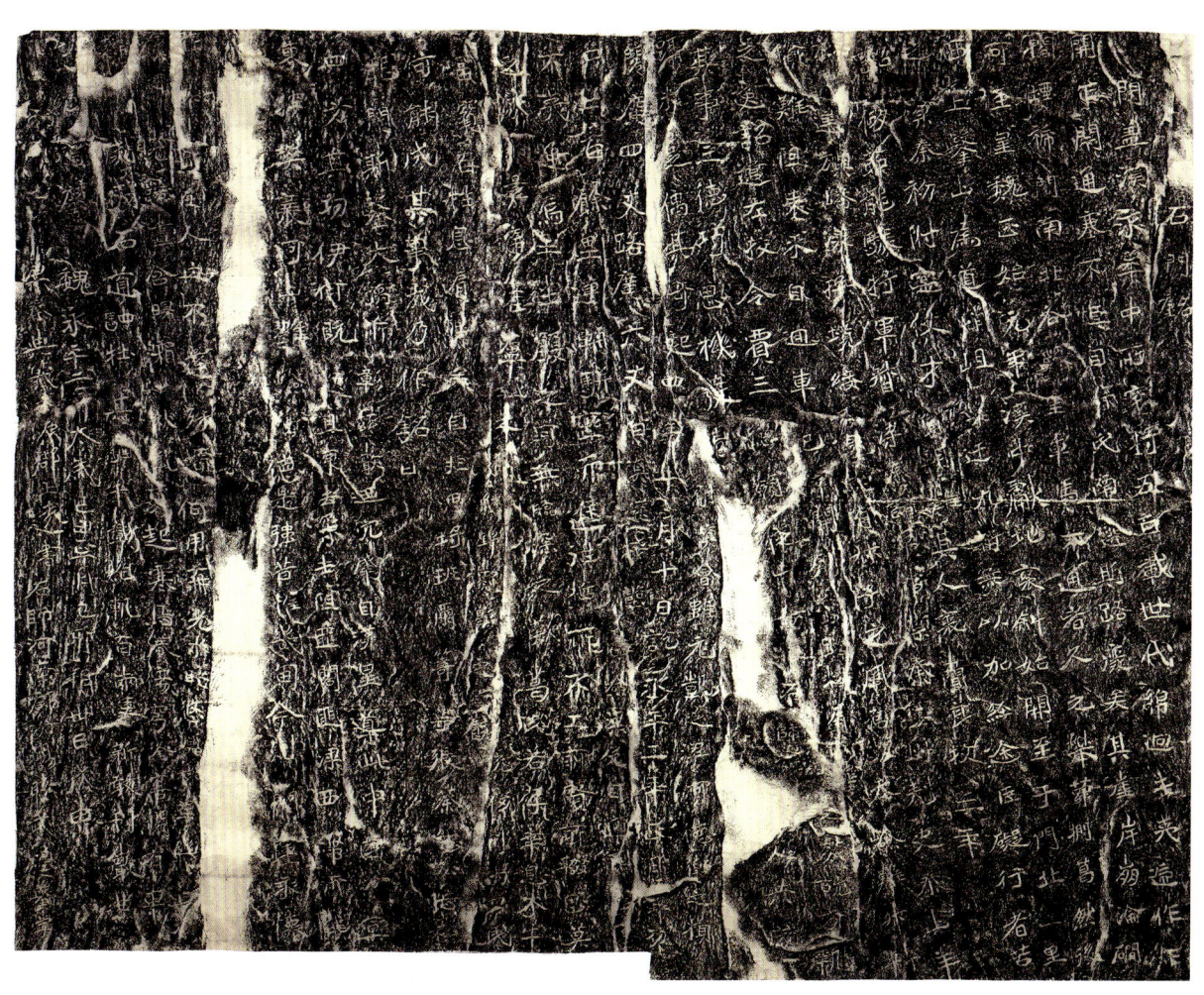

《石门铭》拓本

魏灵藏造像记

龙门《魏灵藏造像记》全称《魏灵藏薛法绍造像记》，在洛阳龙门石窟古阳洞北壁。

书法酷似《杨大眼造像记》，或疑出于同一人之手。北魏造像每用别体字，此记尤多。此造像记点画雄强，骨肉峻宕，端庄俊秀。《广艺舟双楫》将此记列入"能品下"，并云："若《杨大眼》《魏灵藏》《惠感》诸造像，巨刃挥天，大刀砍阵，无不以险劲为主。"

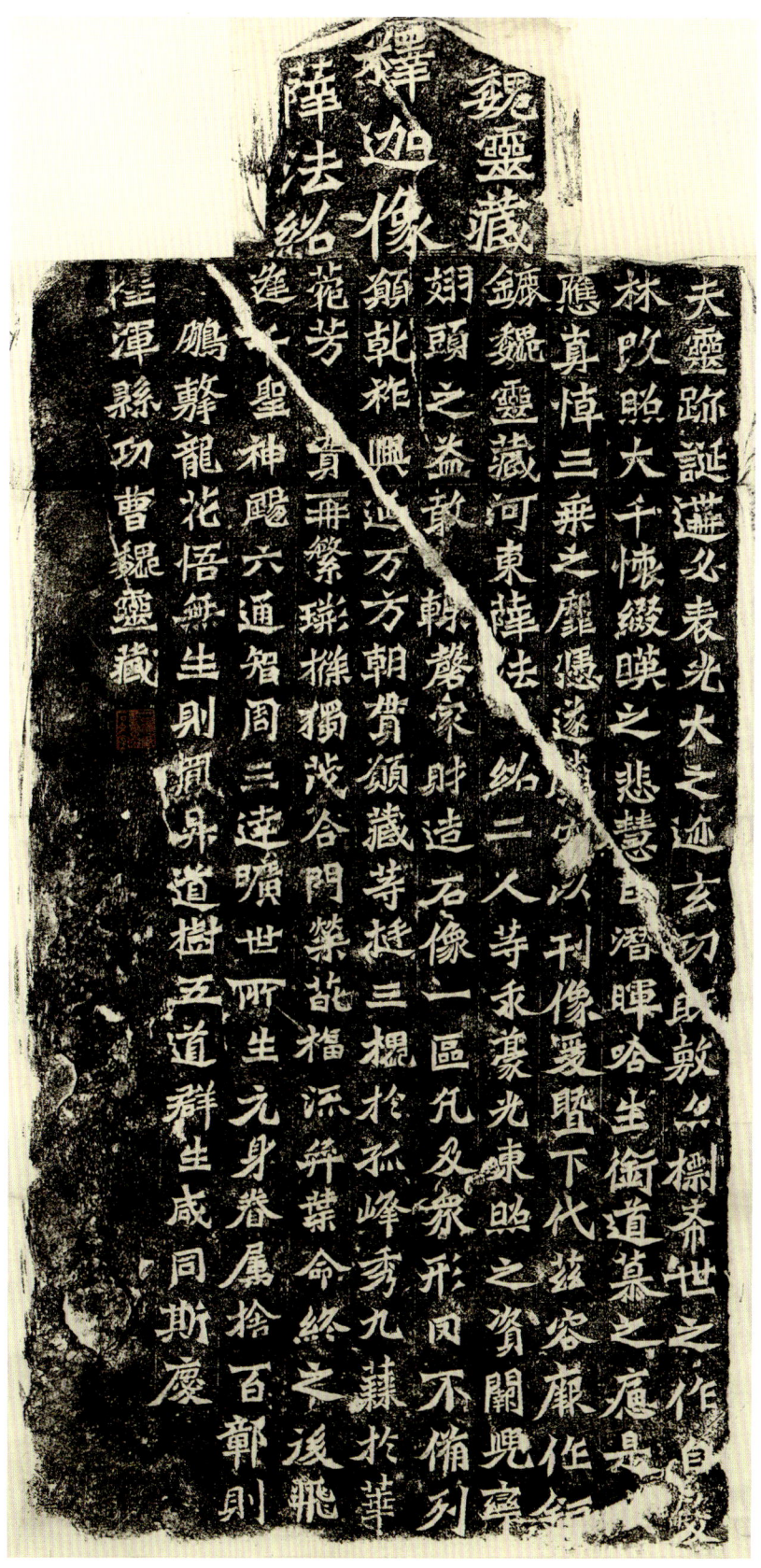

《魏灵藏薛法绍造像记》拓本

云峰山摩崖刻石

云峰山摩崖刻石是中国北朝摩崖石刻。在山东省莱州市和平度县云峰、天柱山区。两山相距25公里，散布在两山中的石刻题记多由郑道昭父子署款，故又称郑道昭摩崖石刻。

郑道昭(?—516年)，字僖伯，河南荥阳人，《三国志·魏书》有传。北魏永平三年(510年)出任光州(州治掖县)刺史，延昌二年(513年)转青州刺史，常于公务之暇，优游名山，咏诗作文并勒之于石。郑道昭第三子郑述祖于北齐河清三年(564年)亦任光州刺史，故在山中也留有诗铭题记等刻石。

清末以来，金石家在著录中多将云峰、天柱二山石刻及存有郑氏父子题记的莱州大基山、青州玲珑山摩崖作为一个整体，统称"云峰刻石"。各家著录的数量不等，陆增祥《八琼室金石补正》为35处，杨守敬《荥阳郑氏碑目》为38处，康有为《广艺舟双楫》为42处，至方若《校碑随笔》竟增至47处。经实地调查，现存北魏刻石36处，东魏刻石1处，北齐刻石5处，另有东汉刻石1处。云峰诸山刻石不仅数量多，而且形制多样。书法风格以自然美见长，或端庄雄浑，或纵横高迈，上承篆隶遗绪，下开隋唐书风，在中国书法史上占有重要地位。清包世臣《艺舟双楫》云："北碑体多旁出，《郑文公碑》字独真正，而篆势、分韵、草情毕具。"康有为则盛赞其"神韵"，说："《云峰》为圆笔之极轨。"

李苦禅认为云峰山、天柱山、大基山、玲珑山等处郑道昭之摩崖石刻为"北魏真书之第一者"，对其肆外闳中之魄力、间架之如钢凝铸、笔法变化之丰富极为推崇，不仅自己多年摹写研究，还推荐给学生，并亲赠拓本以供研习之用。

《荥阳郑文公之碑》拓本

北魏王元祥造像记

  北魏王元祥造像记全称《魏太和十八年北海王元祥为母子平安造弥勒像记》。碑文中"维太和之十八年十二月十一日,皇帝亲御六旌,南伐萧逆"这一历史事件,指的就是孝文帝决定迁都洛阳后继续进攻南齐的故事。当时元祥随帝御驾亲征,在伊阙外母子告别,依依难分,为此,元祥"伊川立愿",为"母子平安"而开龛造像,前后历时近四年。

  北海王元祥是北魏献文帝的第七个儿子,是孝文帝同父异母兄弟,太和十八年(494年)随孝文帝南征,为散骑常侍,后高祖(孝文帝)临崩,顾命祥为司空辅政,深受孝文帝器重。

  该造像记的章法较为疏朗俊逸,虽然纵有行横有列,但行距和字距都显得较为空灵,与二十品的其他造像记大多不同,较之《始平公造像》更是显得风格迥异,俊朗洒脱。

《北魏王元祥造像记》拓本

魏文殊般若碑

现存于汶上县博物馆的《文殊般若碑》，是魏碑中承接汉碑书风并形成魏碑独特风格的杰出代表，是我国书法史上一个承前启后、独现异彩的时代高标，是苦禅先生最珍爱的藏品之一。此碑已成为中外专家、学者进行历史研究、佛教研究、石刻艺术、书法艺术研究的珍贵史料，更是留存千古、不可多得的石刻艺术珍品。

文殊般若碑是国家一级文物，原立于水牛山之巅，同著名的清凉寺、二佛洞相伴于水牛山上一千多年，历尽沧桑。为抢救、保护好这一国宝，此碑已移存汶上县博物馆。文殊般若碑高2米，宽0.7米，厚0.15米，碑额榜书文殊般若隶书大字，碑文为佛经，文殊般若碑的碑板上乘，雕工细腻，文字优美，字体由隶变楷，楷意浓重。近几年来，日本、韩国、泰国、瑞典、新加坡以及中国香港、台湾以及大陆的收藏家、历史学家、佛学专家、石刻艺术家、书法家纷至沓来，专程到汶上观看、研究此碑。《文殊般若碑》是研究中国书法史和碑刻渊源的珍贵资料，可以起到正史、补史的作用。从书体上说，她是汉隶到楷书的过渡，开始了楷书入碑的时代，标志着楷书在这一时代已经取代了隶书的地位，成为社会用字的正统字体，为唐代楷书进一步发展奠定了坚实的基础。用笔、章法独具匠心，不拘一格，沉着劲重，端方竣整，峻骨妙气，特具超逸飞动之功，书家的性情、风采、气韵得以充分地发挥和展示。

对于《文殊般若碑》，杨守敬云："原本隶法，出支丰腴，有一种灵和之致"。据《平碑记》记载，此碑对后世影响很大，唐代书法家颜真卿求得此帖，如获至宝，临摹此帖，其笔调高雅脱俗，自成一家，颜真卿书体受此碑风的影响非常明显。

魏《文殊般若碑》拓本

北齐梁父山刻经

梁父山，位于徂徕山东南麓，新泰市天宝镇境内，镌刻于山顶一巨石上，名为映佛岩，刻于北齐武平元年（570年）。经文分三层镌刻，上层为竖刻《般若波罗蜜经主将军梁父县令王子椿》，隶书。中层镌刻《普达武平元年僧齐大众造维那慧游》，亦为隶书。下层石面较大，高1401厘米，宽340厘米，刻于自然石壁，经文14行，凡98字，字径17厘米。

此刻石文字有由隶书向真书变化的端倪，结构与《晋高句丽好大王碑》（414年）有相似处，尤以"明""羅""得"等为明显者。笔意厚拙丰肥古朴，历代认为其与《泰山经石峪》《邹城铁山》《汶上水牛洞》齐名，为历代书法家所推崇。但因自然风化与人为损伤的原因，所传拓本多有文字缺损处，拓工亦粗，而苦禅先生所藏拓本，字全而拓精，故其非常珍爱。

北齐《梁父山刻经》拓本之一

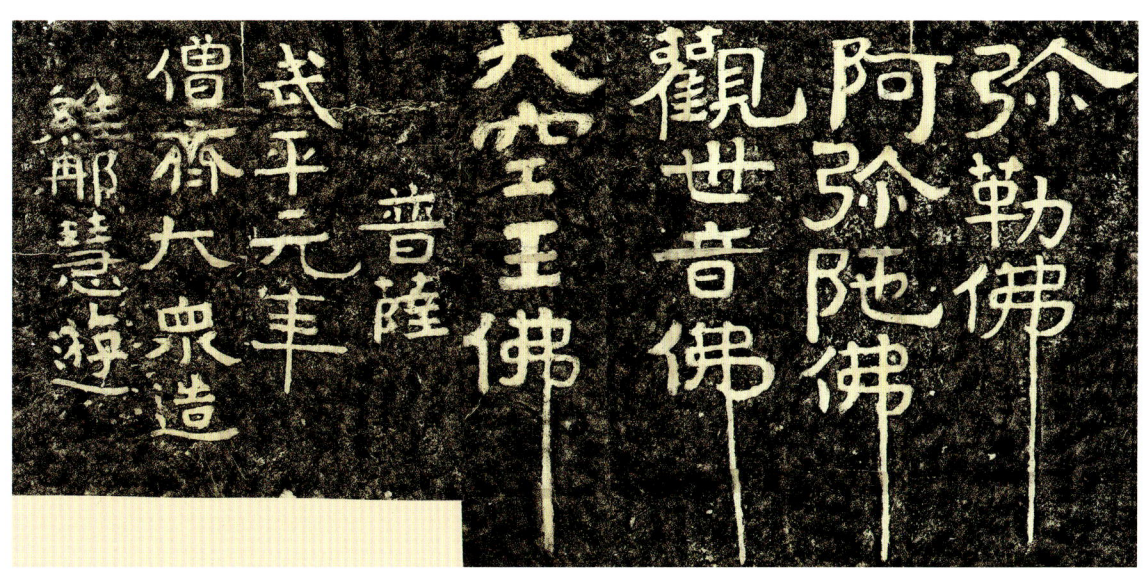

北齐《梁父山刻经》拓本之二

孙秋生造像记

龙门太和七年《孙秋生造像记》全称《孙秋生、刘起祖二百人等造像记》，此碑位于洛阳龙门石窟古阳洞南壁第二层。高1.53米，宽0.5米，盘龙首长方形碑座，座上刻两层小佛龛，圭形碑额正中刻"邑子像"三字，"邑子"即邑镇诸子之意，是指以荥阳太守孙道务和颍川太守卫白犊为"邑主"的200多人的一个造像团体。此造像记上段刻着记，下段刻着题名。上段和下段的书风相差很大，上段柔和舒展、欹正相依，下段朴拙有力，富有奇趣。

造像记中，所谓"唯那"是指佛教纲维的授、知事者，简单来说就是佛教信徒。祈愿"国祚永隆，三宝弥显"，表示了对北魏国家的忠诚拥护，同时也为自己和父母眷属禳灾，祈盼永世安然。此碑反映了新城县（今伊川县古城村）的族姓情况和佛事活动，碑文由孟广达撰写，萧显庆手书。另外碑尾还有刻工的名字，这在当年的造像题记中是比较少见的。此造像记碑始于太和七年（483年），直到景明三年（502年）才造讫，历时19年，是龙门石窟有年代记载开凿最早的。

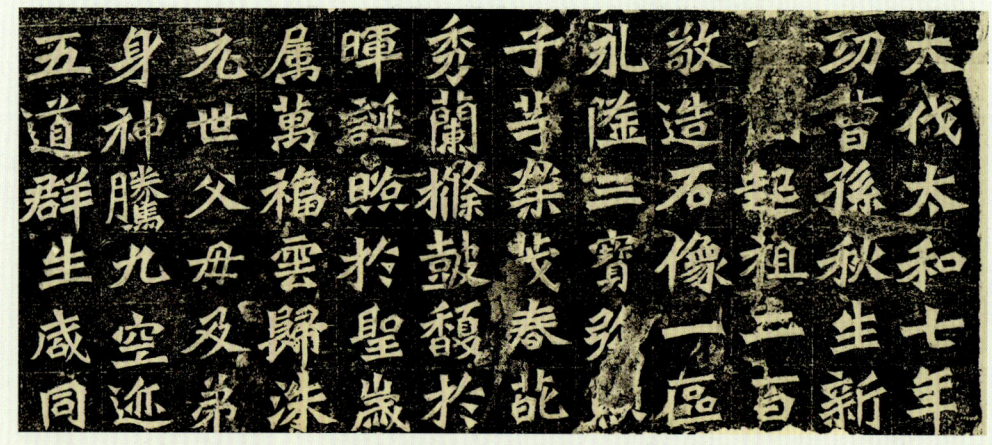

《孙秋生造像记》拓本（局部）

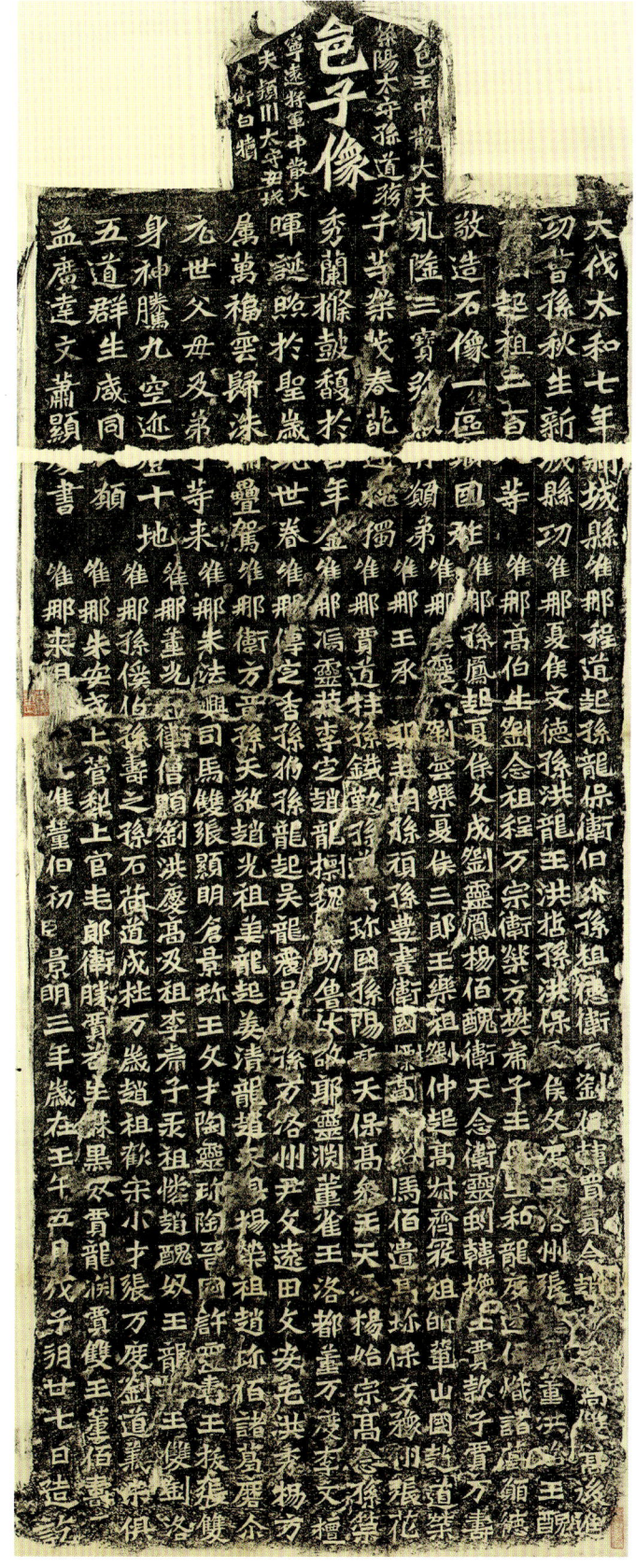

《孙秋生造像记》拓本

曹植碑

隋开皇十三年《曹植碑》又名《陈思王曹子建庙碑》《陈思王碑》《曹子建碑》等，隋文帝开皇十三年（593年）立，石在山东东阿西八里鱼山祠内。无撰文、书丹者姓名。文述曹植生平事迹、葬地，及其11世孙曹永洛于北齐皇建二年（561年）奏请孝昭皇帝恩准，在鱼山建立曹植灵祠，雕镂真容，进行祭祀等情况及颂词。该碑早年曾湮没在大清河（今黄河）中，至清朝初期由当地百姓捞出，重新立于曹植墓前，并建碑楼保护。碑字为楷书，杂以篆隶俗体，错综变化，结构严谨，笔力遒劲，浑朴雄强，康有为在《广艺舟双楫》中评曰："快刀斩阵，雄快峻劲者，莫若《曹子建碑》矣。"

碑文：

王讳植，字子建，沛国谯人也。洪源与九泉竟深，崇塞与三山比峻。自权与名胜乃昌兴焉。其后建国开疆，左右周室，显霸业于东邾，彰芋封于谯邑。琼根宝叶，蒔芳兰如莫朽；轩冕相传，袭缙绅而不绝。此乃备颁典籍，聊可梗概而言矣。逮承相参，乃成王室，道勋隆重，位登上宰，受国平阳。

自兹厥后，鸣鸾佩玉，飞盖交映。

祖嵩，汉司隶太尉，公职掌三事。从容论道，美著阿衡之任，不亦易乎？

父操，魏太祖武皇帝，资神龙虎，剖判郁以开基。名颂谶牒，谣敕真人。火运告终，玉德承历。爰据图录，享有天下。骤改质文，驰迁正朔。英雄之气，盖有余矣。

昆丕，魏高祖文皇帝，绍即四海，光泽五都。负扆明堂，朝宗万国。允文允武，庶绩咸熙。正践升平，时称宁晏。致黄龙表瑞，验兆漳滨。玉虎金鸡，恒纶宇县。

《曹植碑》拓本

王乃黄内通理，温淑含英。睿哲禀于自然，博愍由于无纵。佩金华以迈四气，抱玉藻以忽风霜。缀赡藻于孩年，摄酉什于龆岁。寻声制赋，膺诏题诗。词彩照灼，子云遥惭于吐凤；文华理富，仲舒远愧于怀龙。又能诵万卷于三冬，观千言于一见。才比山薮，思并江湖。清辞菀菀，若聚范之蔚邓林；绿藻妍妍，如河英之照巨海。武库太官之誉，握促之器者也。但禄由德赏，频享皇爵。

建安十六年封平原侯。十九年改封临淄侯。都不以贵任为怀，直置清雅自得。常闲步文籍，偃仰琴书。朝览百篇，夕存吐握。使高据擅名之士，侍宴于西园；振藻独步之才，陪游于东阁。黄初二年，奸臣谤奏，遂贬爵为安乡侯。三年进立为王。及京师，面陈滥谤之罪，诏令复国。自以怀正，信如见疑，抱利器而无用。每怀怨慨，频启频奏。四年改封东阿□。五年

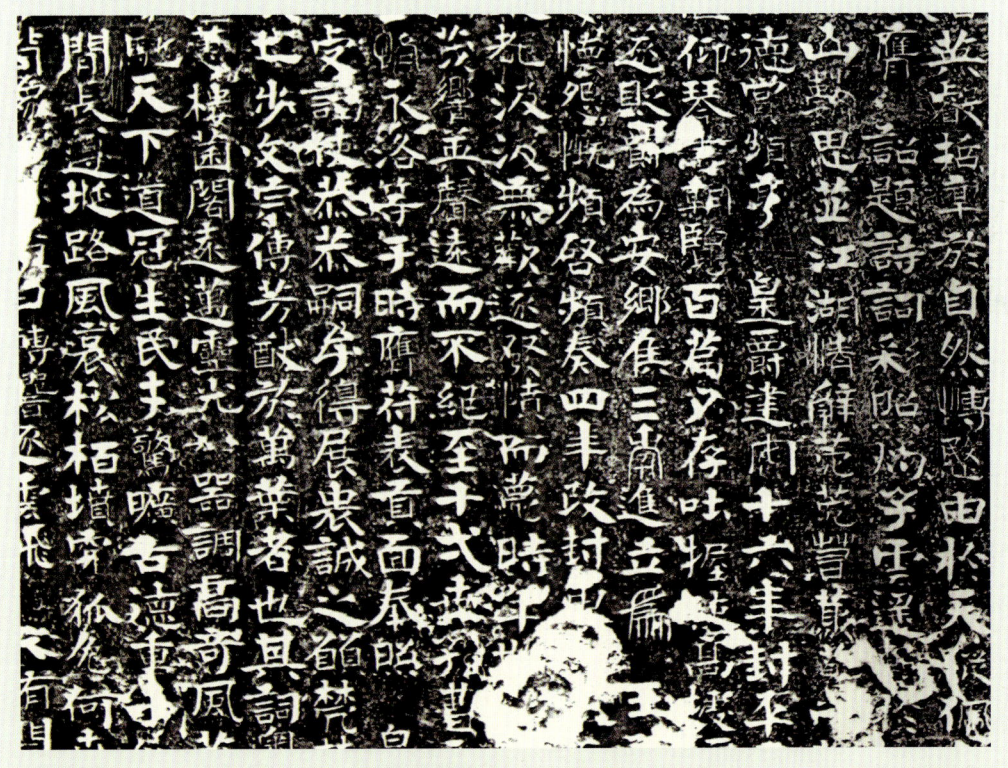

《曹植碑》拓本（局部）

以陈前四县封，复封为陈王。以谗言数构，奸臣内兴。十一年里，频三徙都，汲汲无欢，遂发愤而薨，时年卌有一。即营墓鱼山，傍羊茂台，平生游陟，有终焉之所。既如年代寖远，兆茔崩沦。茂响英声，远而不绝。至十一世孙曹永洛等去齐朝。

皇建二年，蒙前尊孝照皇帝，恢弘古典，敬立二王，崇奉三恪。永洛等于时膺符表贡，面奉照皇亲训圣诏。比经穷讨，皆存实录。蒙敕报允，兴复灵庙。馈嗣蒸尝，四时虔。使恭恭嗣子，得展忠诚之愿；茕茕孝孙，长毕昊天之慕。遂雕镂真容，镌金写状。庶使休二相度，永劫而不泯。七步文宗，传芳猷于万叶者也。

其词曰：

惟王磐石斯固，地绪攸长。波连溟渤，枝带扶桑。分珪作瑞，建国开疆。蕙楼菌阁，远迈灵光。（其一）

器调高奇，风革梳朗。谈人刮舌，灵蛇曜掌。东阁晨开，西园夜赏。桐华桂茂，玉润金响。（其二）

声驰天下，道冠生民。才惊旷古，德重千钧。混之不浊，磨而不磷。如何一旦，萎我哲人？（其三）

山舟易失，日车难驻。一谢人间，长遵挺路。风哀松柏，坟穿狐兔。何世何年，还成《七步》。（其四）

乃考惟昆，廓定洪基。受图应历，运合紫微。一辞皇阙，永背象掖。风随日转，响逐云飞。（其五）

大隋开皇十三年次皋月之吉

纪泰山铭摩崖刻石

《纪泰山铭》，亦称《东岳封禅碑》《泰山唐摩崖》。额题"纪泰山铭"，竖列2行4字，字大45厘米×56厘米，隶书，刻于唐开元十四年（726年）九月，为唐玄宗李隆基封禅泰山后撰书的铭文。摩崖高1320厘米，宽530厘米。铭文隶书24行，满行51字，现存1008字，字大16厘米×25厘米，位于大观峰。大观峰削崖为碑，布满了历代题勒。

《纪泰山铭》形制雄伟，文辞雅驯，书法遒劲婉润，端庄浑厚，为汉以来帝王摩崖石刻之最，开隶书新面目，是唐隶的代表作之一，历代书家多有称颂。宋黄庭坚《山谷题跋》云："玄宗书班班犹有祖父风。"清王澍《竹云题跋》称："唐人隶书多尚方整，与汉法异。唯徐季海《嵩阳观碑》，明皇《纪泰山铭》为得汉人遗意。《孝经注》肉重骨柔，弗及也。"综观此摩崖体势，其书体偏肥，当是中唐崇尚肥美的见证。

此铭文形制巨大，刻在岱顶大观峰石壁上，崖高风大，捶拓不易，得完整拓本极难。李苦禅先生得其完整的拓本并保存完好，颇历艰辛。因拓本太大，故只能展出五分之一。苦禅先生认为其体量高大，又是唐隶的典型，然而真欲学隶书，起手学此则易甜俗，还当以汉碑为范本方能取法乎上。

唐《纪泰山铭》摩崖刻石拓本（局部）

唐《纪泰山铭》摩崖刻石拓本

李阳冰篆书《城隍庙碑》

《城隍庙碑》又称《缙云县城隍庙记碑》,唐乾元二年(759年)刻,李阳冰撰并篆书,8行,行11字。宋宣和年间,刁兵所及,碑石断裂,文字残缺。宋宣和五年(1123年),缙云县令吴延年据拓片重刻。缙云县的城隍庙历史悠久,文化底蕴深厚。唐代第一任缙云县令李阳冰,是大诗人李白的从叔,是以篆书名世的书法家,被誉为"李斯之后小篆第一人"。他在缙云当县令时,给当地城隍爷开了一个天大的玩笑,结果留下了一篇《城隍神记》。缙云县的城隍也因此而名扬全国。全国也因缙云县的城隍,而出现了"城隍热"。李阳冰的这篇文章是这样写的:

城隍神祀典无之,吴越有之风俗,水旱疾疫,必祷焉。有唐乾元二年秋,七月不雨,八月既望,缙云县令李阳冰躬祈于神。与神约曰:"五日不雨,将焚其庙。"及期大雨,合境告足,具官与耄耋群吏乃自西谷迁庙于山巅,以答神休。

从这篇文章中可以看出,唐代出生于赵郡(今河北赵县)的李阳冰,当时就根本没有听过"城隍"这个神灵,也根本不信城隍神。在大家的劝说下,他才跟一班人到县城附近的城隍庙求神,并大胆地与城隍爷打起赌来——如果城隍不显灵,五天再不下雨的话,我就要把你这座城隍庙焚烧掉。据当地民间说法,李阳冰是在求神的第五天,下午未时(下午3到5点)就放火烧了城隍庙,到了酉时(下午5到7点),果真就下了大雨。也许说这时大雨是偶然的事,但就是这一偶然现象,使李阳冰和老百姓服了,并认为这是一个活生生的城隍。在那种时代里,用这种方法去检验神灵的真假,也是可以理解的一段趣闻。

在缙云县,李阳冰不但留下了求雨碑记,还留下了"黄帝祠宇"金石墨宝,是非常宝贵的文化遗产。

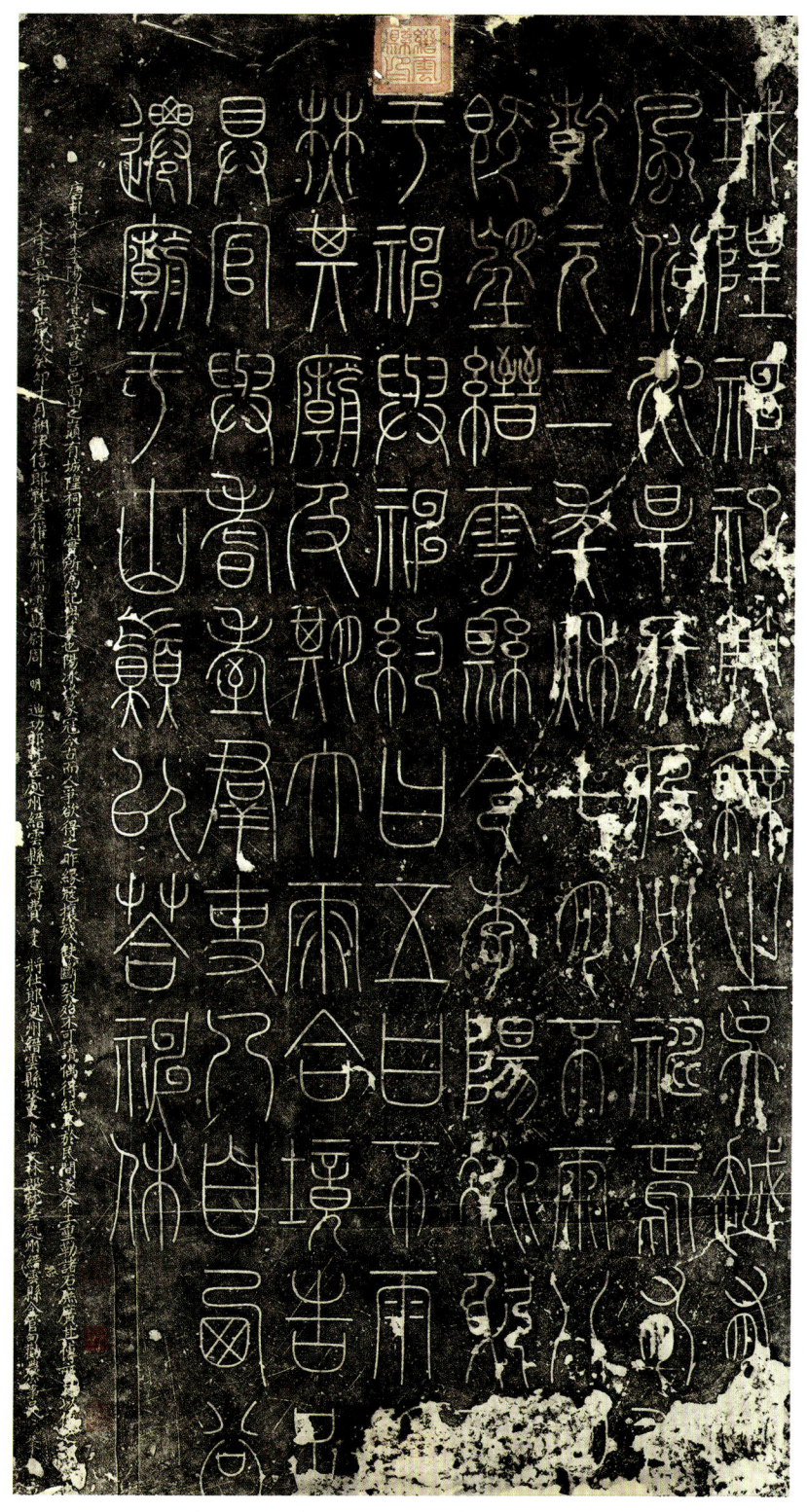

宋重刻唐李阳冰篆书《城隍庙碑》拓本

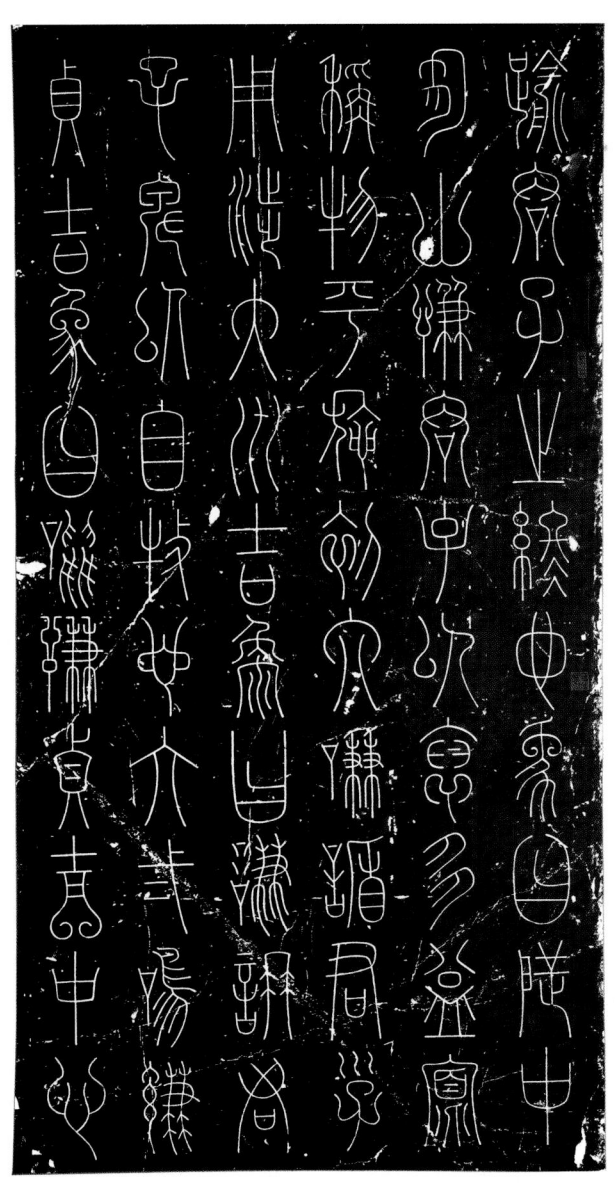

唐李阳冰篆书《易经》谦卦之一　　　唐李阳冰篆书《易经》谦卦之二

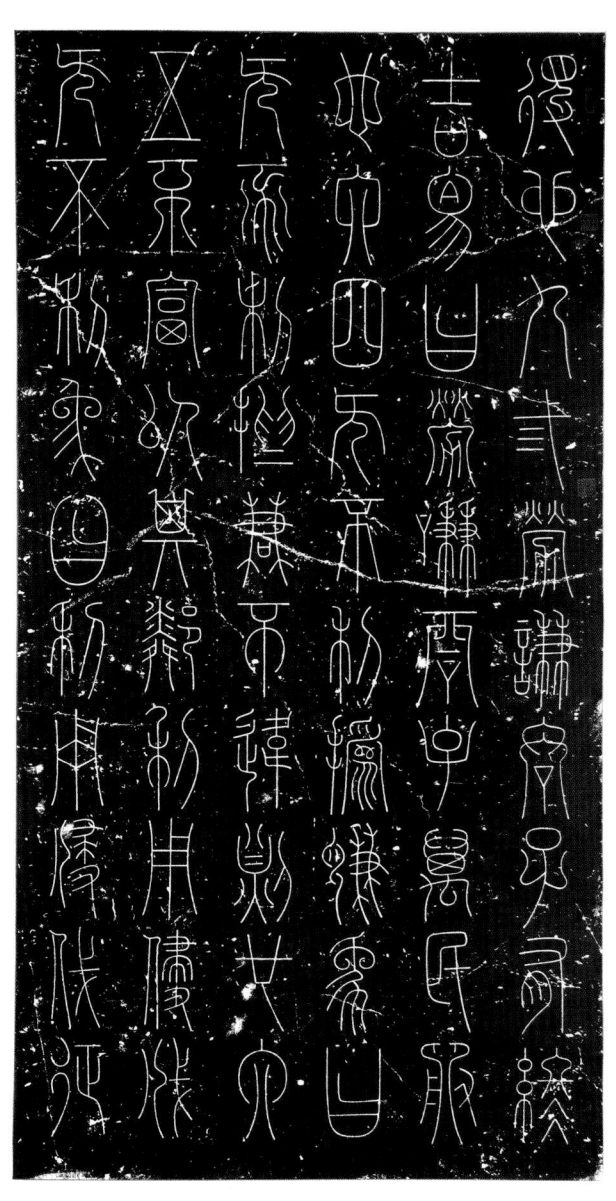

唐李阳冰篆书《易经》谦卦之三

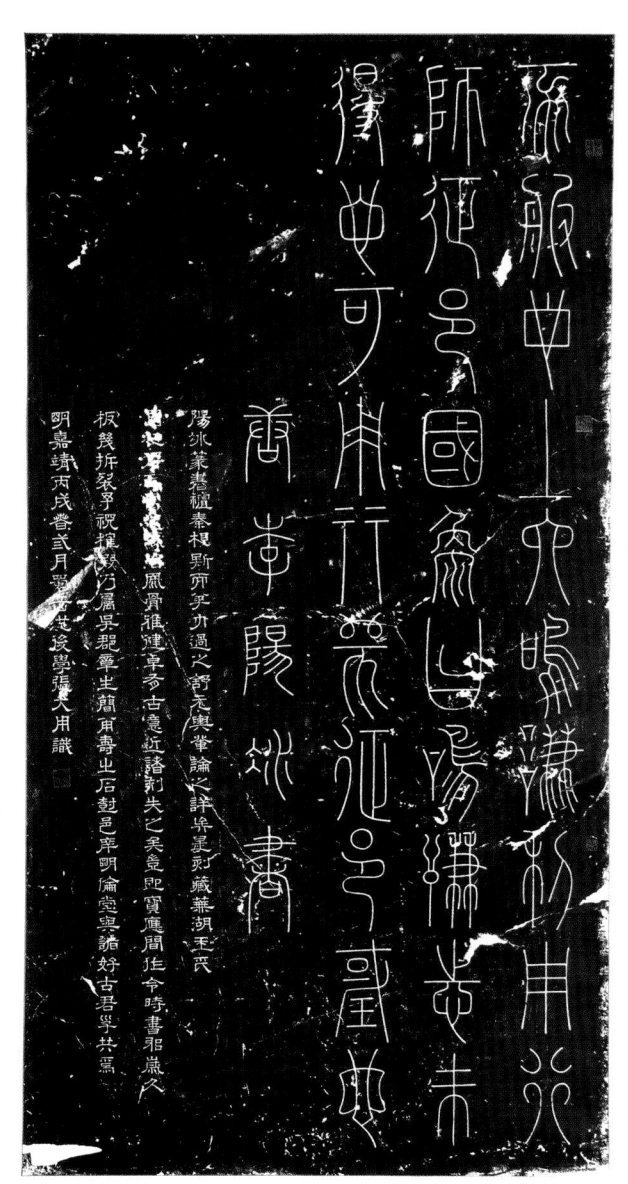

唐李阳冰篆书《易经》谦卦之四

五岳真形图

道教符箓。据称为太上道君所传，有免灾致福之效。今河南登封县嵩山中岳庙内存有此图的碑刻。

最早出现《五岳真形图》记载的是古代文献《汉武帝内传》，称该图是太上老君最早测绘的山岳地图。

近代对《五岳真形图》进行研究后的解释为："五岳真形"是等高线平面图，入山线路图。1910年6月，日本学者实地考察用等高线绘制的泰山地形图做了比较分析，得出一个惊人结论：二者极为相似。换句话说，《五岳真形图》中蕴涵有等高线制图法的地图绘制思想。后来，英国李约瑟博士在《中国科学技术史》中说："从图中可以看出，这幅图中所用勾画山形的方法完全不逊于近代所用的方法。"中国科学院自然科学史研究所的曹婉如、郑锡煌于1987年发表了《试论道教五岳真形图》一文，文中提出：现存的古本五岳真形图，就其表现形式和内容来看，可以称之为具体山岳的平面示意图。

"圆山"是山区的一种行路方法。古代道士凭借这样的实地"圆山"经验，在绘制五岳进山地图时，就将同一高度的山峰位置用相同的墨迹标明，便于道士在山中绕山行走。《五岳真形图》之所以能在人类地图学史上占有一席之地，也是因为其蕴涵有先进的地图绘制科学思想。

五岳是远古山神崇拜、五行观念和帝王巡猎封禅相结合的产物，后为道教所继承，被视为道教名山，它们是：东岳泰山（1532米），位于山东泰安市。西岳华山（1997米），位于陕西华阴市。南岳衡山（1512米），位于湖南长沙以南的衡山县。北岳恒山（2017米），位于山西浑源县。中岳嵩山

《五岳真形图》拓本

（1440米），位于河南登封市。东岳泰山为五岳之首是名副其实的，中国历代曾有72个皇帝到泰山封禅。

这幅图，或者说其中的符号，是目前我国道教文化研究重要文献和道教经典集成《道藏》中，仍然流传于世的古人作品。因为这五个符号，不仅见于书目抄绘，更见于诸器，如饰物（日常穿戴用具）、鼎器（礼器）、砚台（文房用具）、石碑（用途不明）等等中，历经近两千年，长久不衰。

齐白石曾亲自治印一对赠弟子李苦禅，印文是"李英之印""苦禅"，其印上方即镌有《五岳真形图》之浮雕，今称"薄意雕"，亦是齐翁所雕，殊为珍贵。

齐白石赠李苦禅印章："李英之印"（左）
"苦禅"（右）
左上为《五岳真形图石刻》之泰山
右上为《五岳真形图石刻》之华山

苦禅先生金石碑帖题跋选

苦禅先生不仅重视对金石拓本的临摹功夫,而且强调"目读"的意义。他经常对拓本久视揣摩,玩味其中的奥妙,于"手临"与"目读"相结合的过程中,有所心得,即付诸题跋。这些题跋手迹既记录了他的金石文化观点,也是其手书墨宝的传世之珍。今选刊一些,以飨同好。

苦禅老人年过八旬仍每天临碑帖不已

高（句）丽[1]《好大王碑》（石印缩小本）

近方研究《好大王碑》巧遇缩小本，益感对校便利，幸甚！幸甚！

尝谓北京为全国人文荟萃中心，苟致力诸学术，有所征求文献资料，稍经常留心，无不附合愿志者。

辛丑秋八月苦禅即识[2]。

（按：辛丑年，即1961年，经常协助父亲搜集金石资料的李燕在丹桂旧书市发现了这份《好大王碑》的石印缩小本，仅售价一角，足见它在当年属于"冷门书"。应当指出的是，出版方与不少人都将历史上的"高丽"和"高句丽"混为一谈，误将"高句丽"印成"高丽"，苦禅老人曾叮嘱，一旦再版印制务必改正。）

---

[1] 高句（gōu）丽（lí）：（公元前37年—公元668年）史书中也写作"高句骊"，简称"句丽""句骊"，现又叫"高氏高丽"。是公元前1世纪至公元7世纪在我国东北地区和朝鲜半岛北部存在的一个民族政权，当时半岛尚有百济、新罗两国。

高句丽王族姓高氏，《晋书》载"朱蒙自以高辛氏之后，姓高氏"；《三国遗事》载"自言是天帝子，承日光而生，故自以高为姓"；李朝李承休《帝王韵记》载"朱蒙初诞，举国高之，故姓高氏"。

在过去的很长时期里，由于中国学术界对高句丽的历史缺乏全面系统的研究，而将高句丽与三韩人王建918年建立的高丽王朝混淆，使高句丽被不少中国学者误认为是韩国古代国家。

20世纪80年代以来，随着中国学者对高句丽历史研究的深入，中国史学界意识到了这一严重历史判断错误。为纠正这一错误，现在中国史学界已出版了大量有关高句丽的历史专著如刘子敏先生的《高句丽历史研究》、耿铁华先生的《中国高句丽史》、马大正等先生的《古代中国高句丽历史丛论》等等。

[2] 识：此处念zhì，音同治。义为标记。

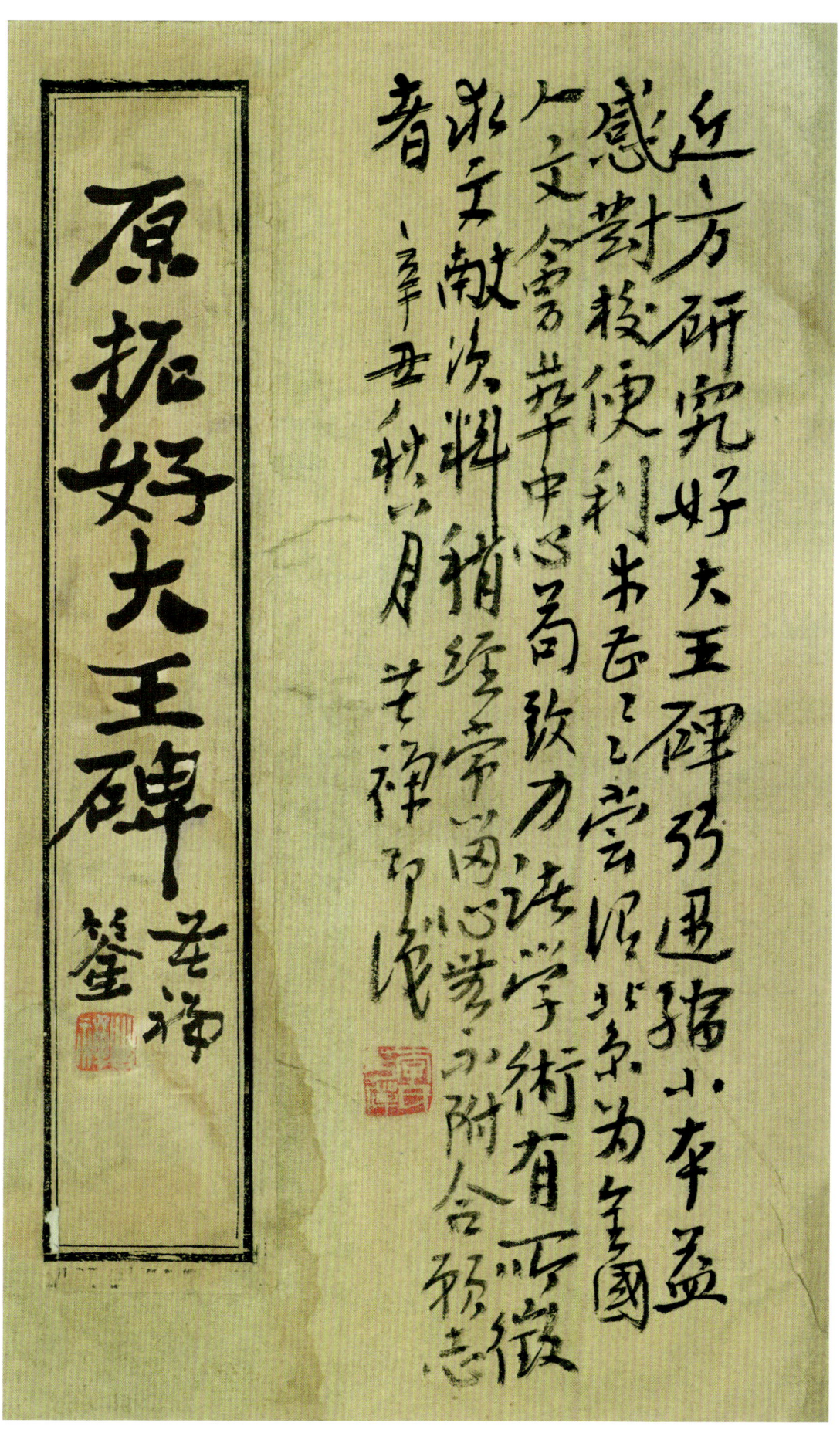

《原拓好大王碑》题跋

旧拓高句丽《好大王碑》
（分页装缩小石印本）

　　字完正尚少缺泐①，或是明（因误笔点除去此字）初拓。此碑拓工多粗率，裱工多傎倒行误等，实则字行尚未甚残泐也。

　　燕儿购于厂肆②。

　　壬寅正月（1962年）禅记

① 泐：音为 lè、lěi，此处音读 lěi。名词义：石头因风化遇水而形成的裂纹；如，泐，水石之理也（《说文》）；动词义：1. 裂开；解裂；如，石有时以泐，水有时以凝，有时以泽，此天时也（《周礼·考工记》）；2. 铭刻，用刻刀书写；如，泐石。

② 识：此处念 zhì，音同治。义为标记。

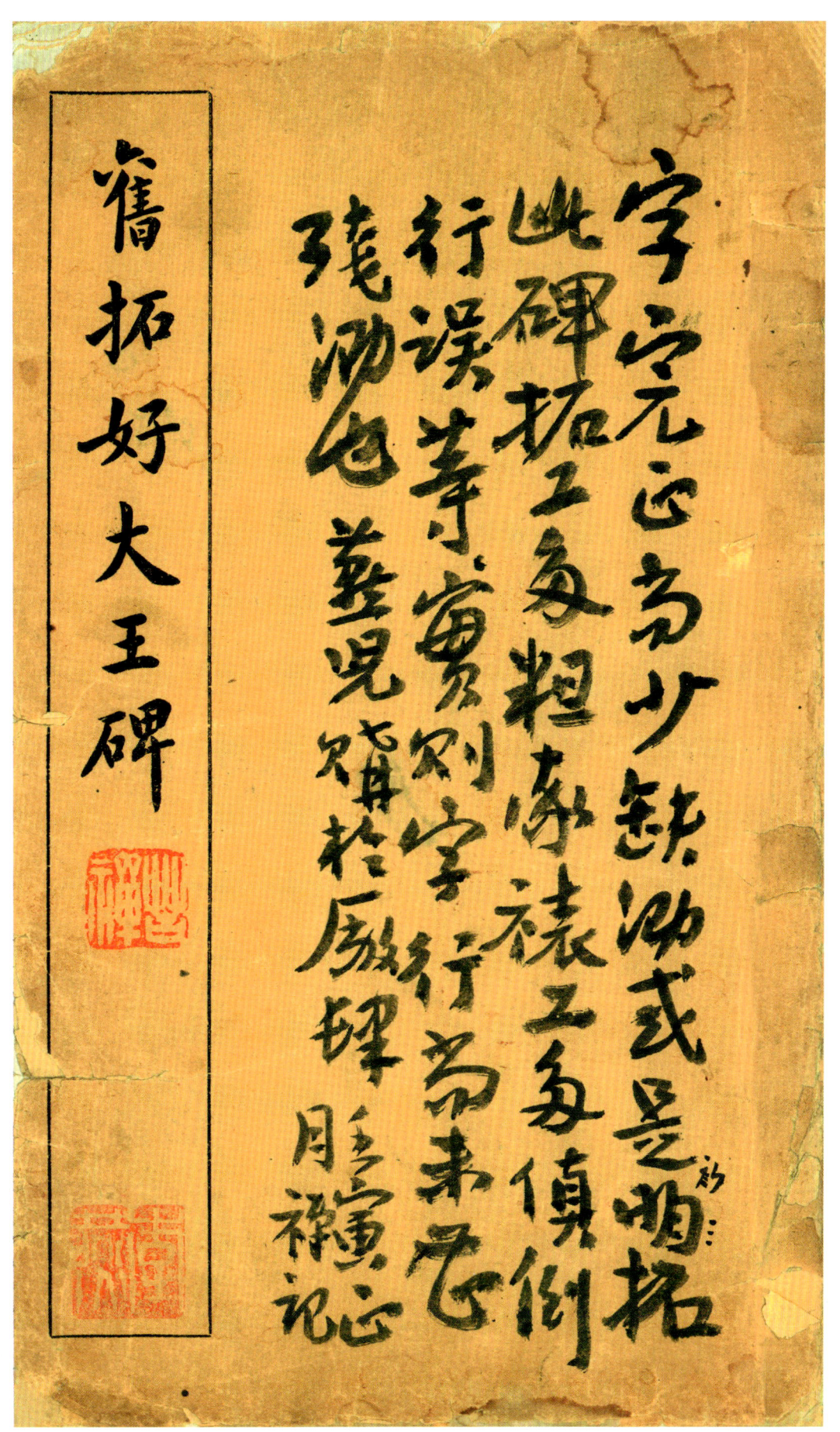

《旧拓好大王碑》（石印本）题跋

晋《好大王碑》(第一面)石拓本　　晋《好大王碑》(第二面)石拓本

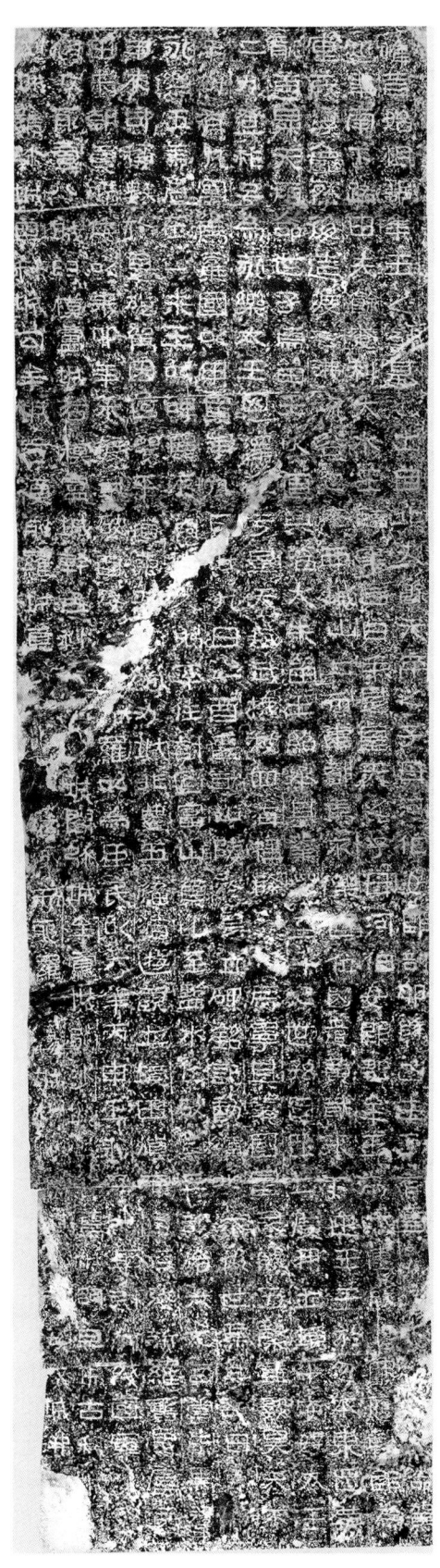

晋《好大王碑》(第三面) 石拓本

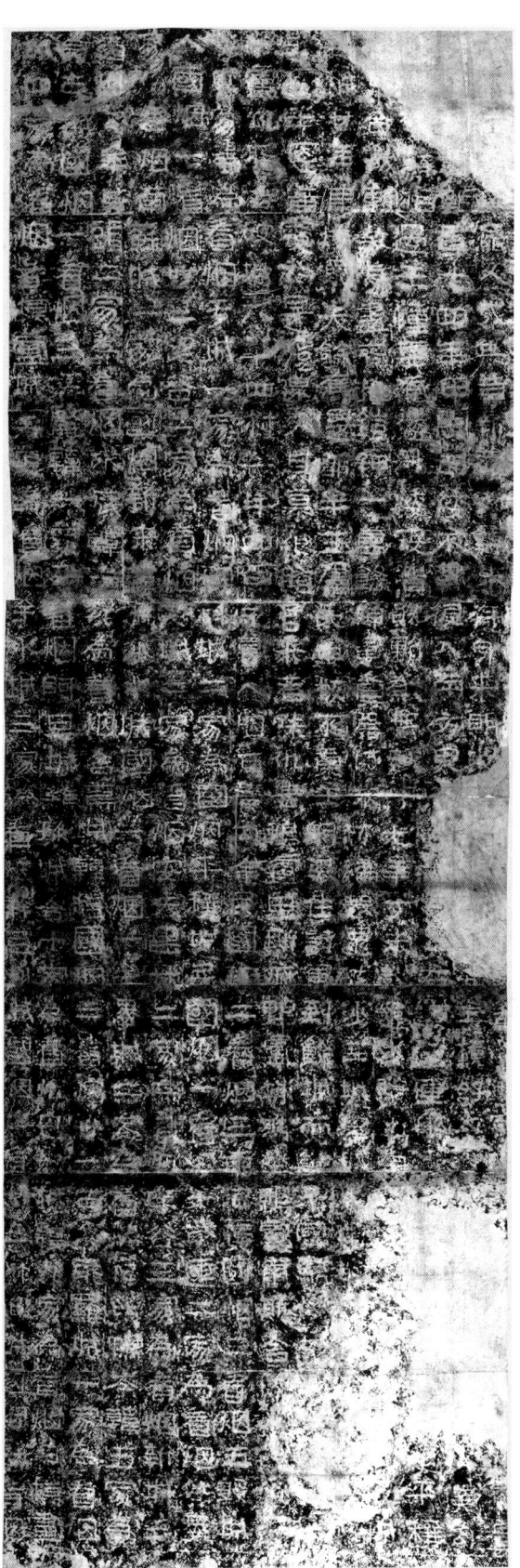

晋《好大王碑》(第四面) 石拓本

《颜真卿书法三册》

此帖与《中兴颂》是鲁公①之代表作,而一般俗子功未入公之堂奥②者尚妄疵③耳。即宋之米芾犹病鲁公书,但其脱离晋人书法远甚,自尚不知也,怪哉!

七一年秋日捡破书斋,得《八关斋鲁公帖》,爰④记帖尾,七十三翁励公⑤。

(按:1971年,苦禅老人被允许从"下放"劳动的河北磁县农村只身回到北京看守美院传达室。打开久锁的家门,抄家的乱象犹存。七十三岁的苦禅老人痛惜地收拾劫余之物,觅出干笔残墨,题识平生心爱的祖国文物。)

① 鲁公:颜真卿,(709—784),字清臣,京兆万年人,祖籍唐琅琊临沂(今山东临沂)。开元间中进士。安史之乱,抗贼有功,入京历任吏部尚书、太子太师,封鲁郡开国公,故又世称颜鲁公。
② 堂奥:义为深处。喻深奥的义理;深远的意境。
③ 疵:bì,古同"痹";痹,湿病也(《说文》)。
④ 爰:音同原;字义为于是。
⑤ 李苦禅(1899—1983),原名李英杰、李英,字超三、励公。

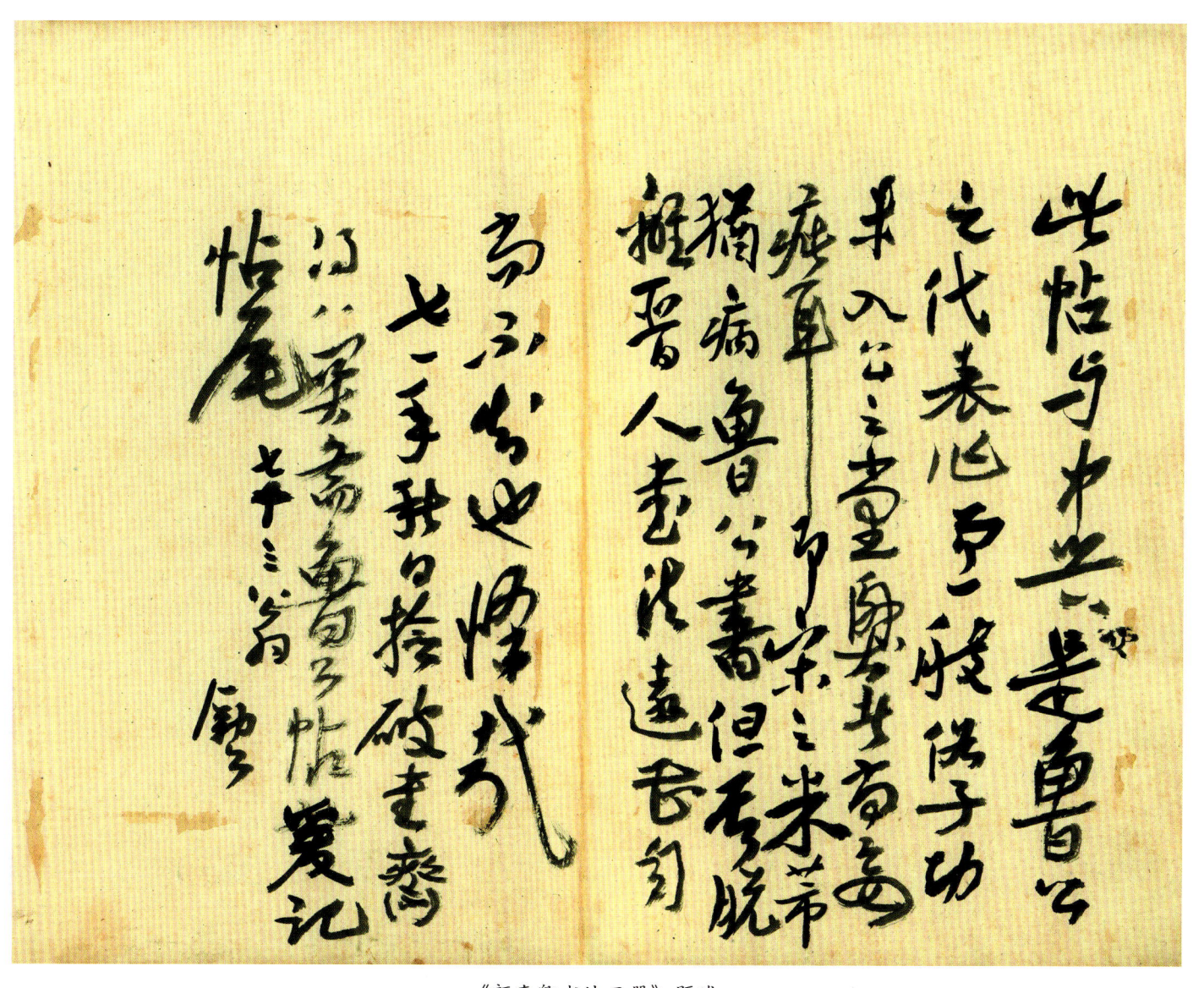

《颜真卿书法三册》题跋

《谷朗碑》①

此拓尚早而拓工不佳，尝因帖贾贪利务多，拓而工慌，求利夥②也。

岁在乙巳秋月，禅父。

（按：乙巳年，即1965年。苦禅老人所在单位中央美术学院师生员工多已发往邢台去搞农村"四清运动"。学院教学已凝滞。苦禅老人对祖国传统文化的诚心毅坚，整理金石资料工作依然如故。）

① 《谷朗碑》：全称《吴九真太守谷朗碑》。三国吴碑刻。额题"吴故九真太守谷府君之碑"。凤凰元年（272年）立于耒阳。字体介乎楷隶之间，是楷书初创时期的重要碑刻。

谷朗（218—272），字义先，桂阳（治在今湖南郴县）耒阳（今湖南耒阳县）人。三世仕吴为牧守，累官长沙刘阳令、立忠都尉尚书郎、广州督军校尉等，吴建衡三年（271年）迁九真太守（今越南河内南顺以北地区）。

② 夥：形容词，表意从多，本义为盛多。

此拓高早而拓工不佳
岁因帖贾贪利务
多拓而工懒承利鼓也
榘左己乙己秋月禅文

《谷朗碑》题跋

旧拓《灵飞经》①

灵飞经帖见者多矣,刻工之精当以此帖为最,用之抚摩,可珍也。

癸卯(1963年)秋月识②于坚轩

(按:李苦禅先生一生多迁,从未住过大屋好房,也从未给自己的住房兼画室起过什么常用的斋堂雅号,每每在书画上题及的居室名称皆是即时随感而出的,"坚轩"亦如是。)

① 道教经名。主要阐述存思之法。今道藏有《上清琼宫灵飞六甲左右上符》,一卷。《汉武内传》谓此经用于请命延算、长生久视、驱策众灵、役使鬼神。

② 识:此处念 zhì,音同治。义为标记。

灵飞经帖见者多矣刻工之精当以此帖为最闲言摩挲不忍释也 癸卯秋日浅於坚轩

旧拓《灵飞经》题跋

《爨龙颜①碑》（一）

此碑拓之尚早，拓工亦佳，后此者拓工多泐②，字数亦减损多矣。此碑出世而《爨宝子碑》世间尚不知也。

甲寅夏月苦禅题记。

（按：甲寅，即1974年，正值"四人帮"掀起批"黑画"妖风，被列入"黑画家"黑名单的苦禅老人心定如尊者，研习碑帖一如既往。当时苦禅老人幸藏于月坛小楼，不闻妖风之喧嚣，留下此篇手迹。）

① 爨：cuàn 地名、姓氏；古乌蛮、白蛮大姓，又是古地域名。魏晋南北朝时由今云南东部地区统治者爨氏大姓演变而成。

爨龙颜：全称"宋故龙骧将军护镇蛮校尉宁州刺史邓都县侯爨使君之碑"，南朝刘宋孝武帝大明二年（458年）立。此碑是宁州刺史爨龙颜的墓碑，又称大爨碑。

② 泐：音为 lè、lěi，此处音读 lěi。名词义：石头因风化遇水而形成的裂纹；如，泐，水石之理也（《说文》）。动词义：1.裂开，解裂；如，石有时以泐，水有时以凝，有时以泽，此天时也（《周礼·考工记》）；2.铭刻，用刻刀书写；如，泐石。

此碑拓之甚早拓工尤佳坊此者拓工多漏字甚至减损多矣此碑出世為僻寞子碑世間為不知也甲寅夏有左神題記

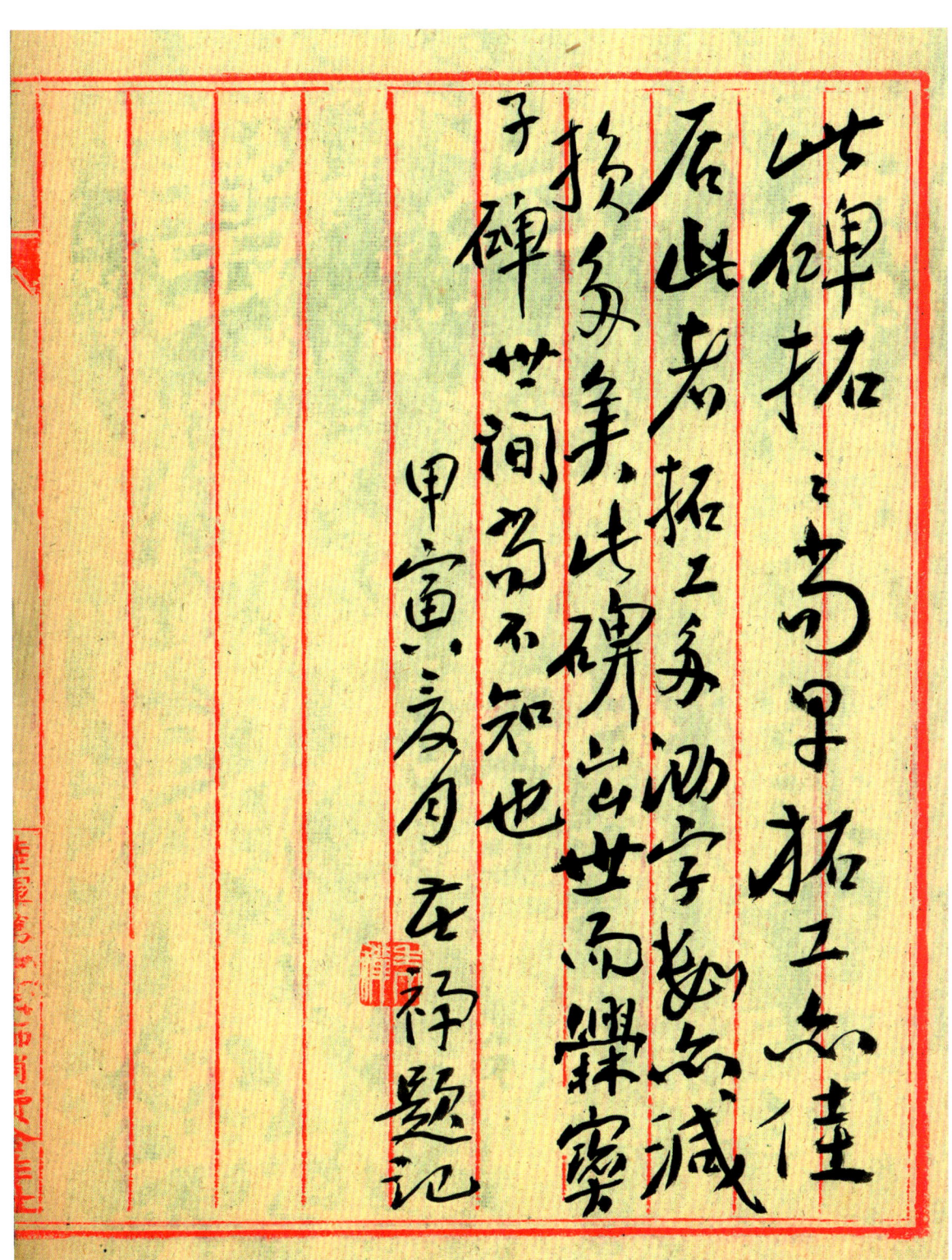

《爨龙颜碑》题跋

《爨龙颜①碑》（二）

底是早拓而字尚未损泐②者，比后拓者多十余字，且拓工亦佳。可宝惜之。

六五年初冬励公③购跋④记之。

（按：1964年国贼康生与江青在中央美术学院"内部"开始了日后"文革"的试验，伪称"社教"。李苦禅与众教授都成了诬陷、批判的对象，人人自危，"山雨欲来风满楼"。而苦禅老人心定如故，仍研习碑帖，搜集整理相关资料。）

① 爨：cuàn 地名、姓氏；古乌蛮、白蛮大姓，又是古地域名。魏晋南北朝时由今云南东部地区统治者爨氏大姓演变而成。

爨龙颜：全称"宋故龙骧将军护镇蛮校尉宁州刺史邛都县侯爨使君之碑"，南朝刘宋孝武帝大明二年（458年）立。此碑是宁州刺史爨龙颜的墓碑，又称大爨碑。

② 泐：音为 lè、lěi，此处音读 lěi。名词义：石头因风化遇水而形成的裂纹；如，泐，水石之理也（《说文》）。动词义：1. 裂开，解裂；如，石有时以泐，水有时以凝，有时以泽，此天时也（《周礼·考工记》）；2. 铭刻，用刻刀书写；如，泐石。

③ 李苦禅（1899—1983），原名李英杰、李英，字超三、励公。

④ 跋：音同拔，文体的一种。附在正文之后。即后序；如：后人题跋多盈巨轴矣（《梦溪笔谈》）。

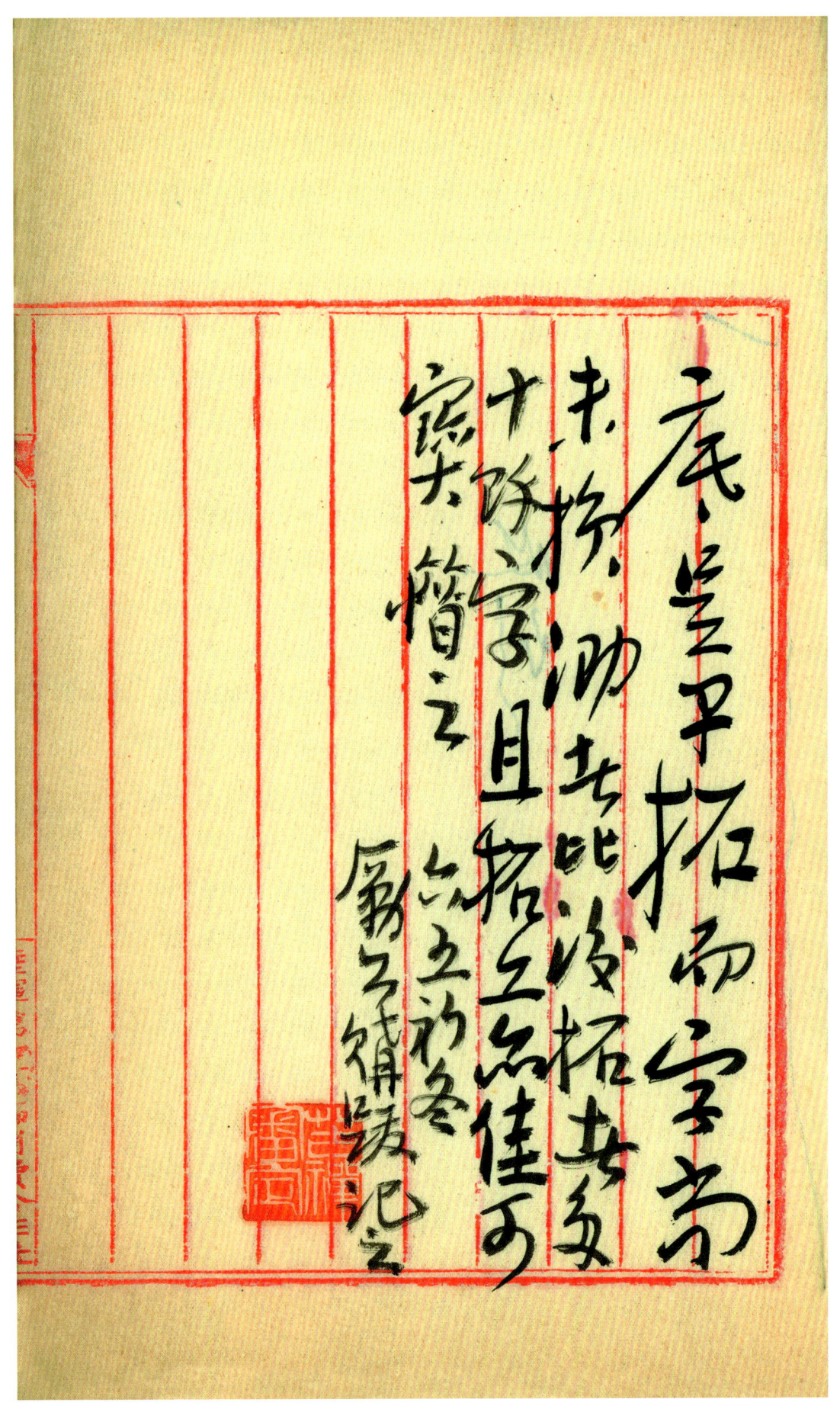

《爨龙颜碑》题跋

《龙门二十品》（一）

清代精拓本，字画锋角毫末稍泐①，清晰如近刻，且墨色黝光可忺。闻原石已被毁太半，惜哉！愈感是帖之可宝也。

辛丑春（1961年）灯下识。

① 泐：音为 lè、lěi，此处音读 lěi。名词义：石头因风化遇水而形成的裂纹；如，泐，水石之理也（《说文》）。动词义：1. 裂开，解裂；如，石有时以泐，水有时以凝，有时以泽，此天时也（《周礼·考工记》）；2. 铭刻，用刻刀书写；如，泐石。

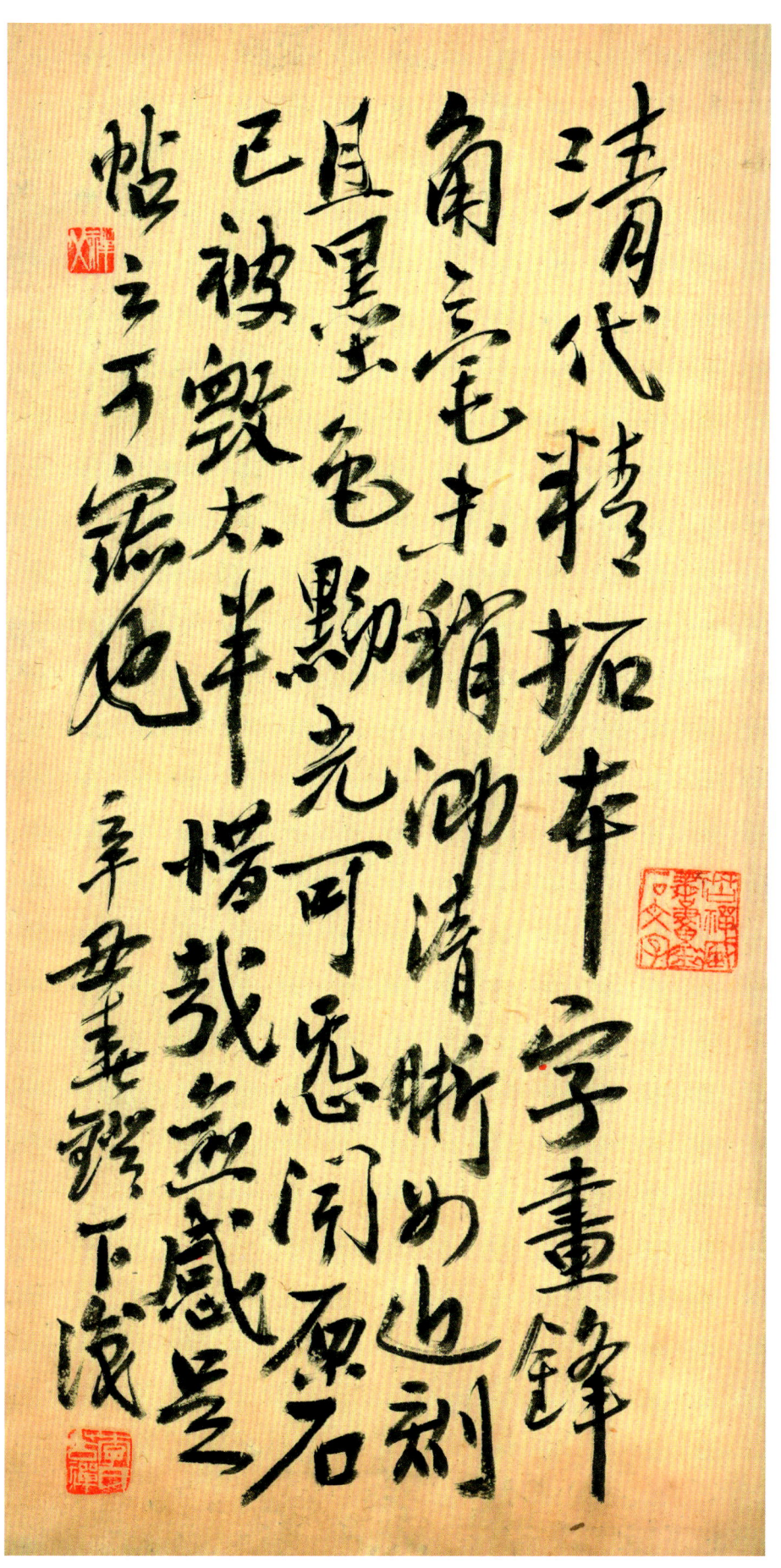

清代精拓本，字画锋角毫末稍卲清晰，如近刻，且墨色黝黑，点画可见，原石已被毁太半，惆怅无感是，帖之可宝也。

辛丑年春华鼙下浣

《龙门二十品》（一）题跋

《龙门二十品》(二)

　　《龙门廿品》文字多千篇一律，刻工亦多无文化者，字画多或缺，是常见事，所可重者，六朝人能造新字①，所谓天真敢创造者。康有为最喜爱此帖，即在此耳！

　　丙辰夏苦禅识②。

　　（按：丙辰夏，即1976年初夏，是时"四害"国贼将亡，国运将拨乱反正。）

---

① 魏晋六朝时中原地区由于北方游牧民族的入主，各民族的文化发生了融合变化。仅就文字和书法艺术方面来讲，这时候的文字从篆隶字体转向楷书字体。北朝的楷书字体受少数民族的影响，例如：钟太傅（钟繇）完型的楷书字体上出现了繁、简体，创造了许许多多的偏旁糅杂的新字，形成了许多后世所称谓的"六朝别字"。

　　钟太傅：钟繇(151—230)字元常，颍川长社（今河南长葛）人。三国时期曹魏著名书法家、政治家。官至太傅，魏文帝时与当时的名士华歆、王朗并为三公。

② 识：此处念 zhì，音同治。义为标记。

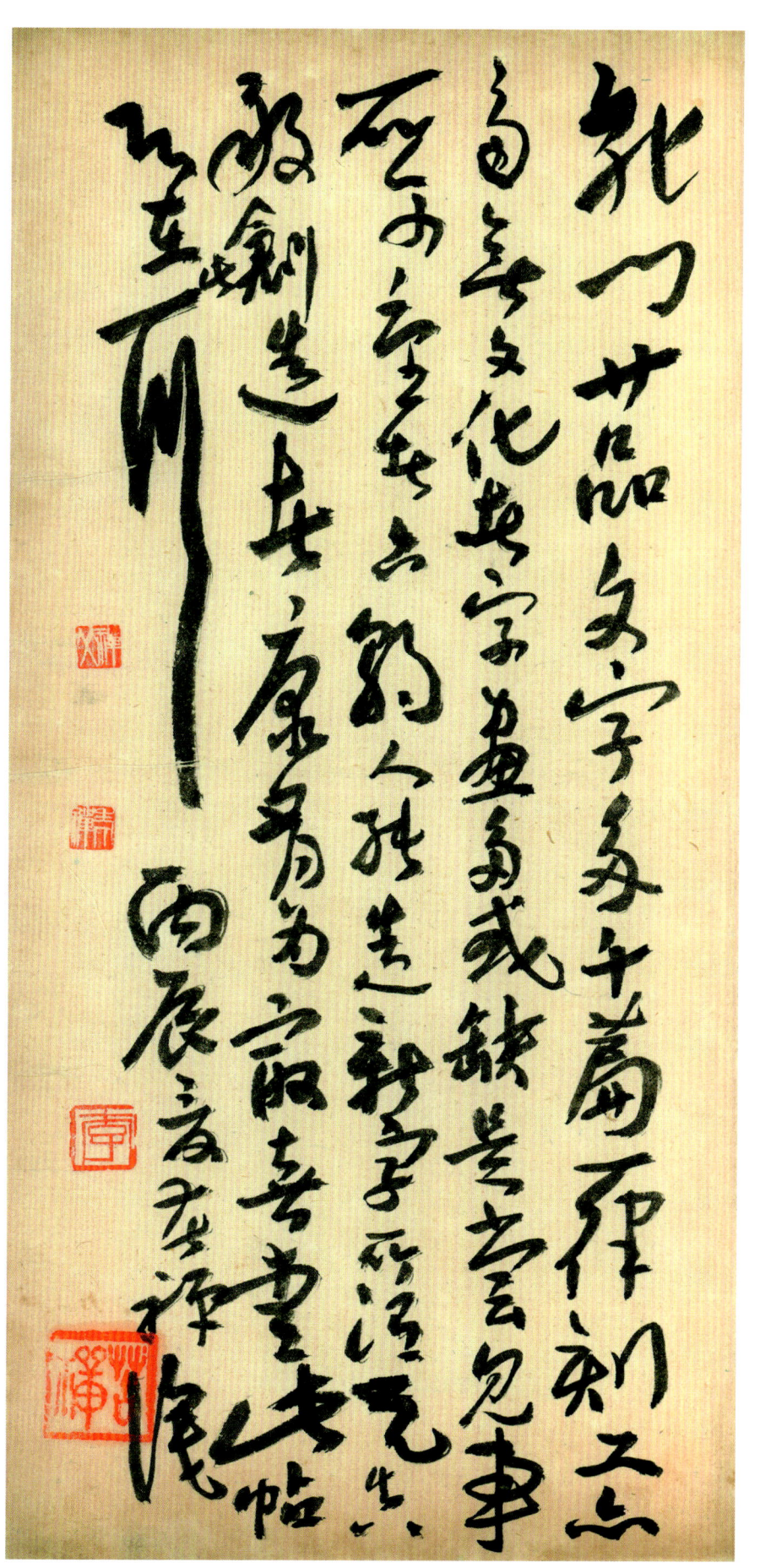

《龙门二十品》(二)题跋

《龙门二十品》（三）

六朝人能造新字①，是其优越处。盖字不新即乏艺术性。如狂草变化万端，风雷电掣，蛇龙幻化者是也。若下笔规正排比演算子，则八股文字及书生钞经矣！

丙辰夏六月大雨连绵中识②。

（按：丙辰夏六月，即1976年夏秋之交，所谓"文化大革命"早已不得人心，金风③将至，妖类肃然，国运革故鼎新有兆，苦禅老人虽研习碑帖一如既往，而心境若何——汉扬雄④说："言为心声，书为心画。"察此墨迹，可见端倪。）

① 魏晋六朝时中原地区由于北方游牧民族的入主，各民族的文化发生了融合变化。仅就文字和书法艺术方面来讲，这时候的文字从篆隶字体转向楷书字体。北朝的楷书字体受少数民族的影响，例如：钟太傅（钟繇）完型的楷书字体上出现了繁、简体，创造了许许多多的偏傍糅杂的新字，形成了许多后世所称谓的"六朝别字"。

钟太傅：钟繇（151—230），字元常，颍川长社（今河南长葛）人。三国时期曹魏著名书法家、政治家。官至太傅，魏文帝时与当时的名士华歆、王朗并为三公。

② 识：此处念zhì，音同治。义为标记。

③ 金风：秋风。因秋风能扫清枯枝败叶，因此引申义为正气，如：秋色肃杀——唐杜甫《北征》诗："昊天积霜露，正气有肃杀。"

④ 扬雄：（前53—公元18），字子云，西汉蜀郡成都（今四川成都郫县）人。西汉后期著名学者、哲学家、文学家、语言学家；历史上被尊称为扬子，代表著作《法言》。《法言·问神》："故言，心声也；书，心画也。声画形，君子小人见矣。"

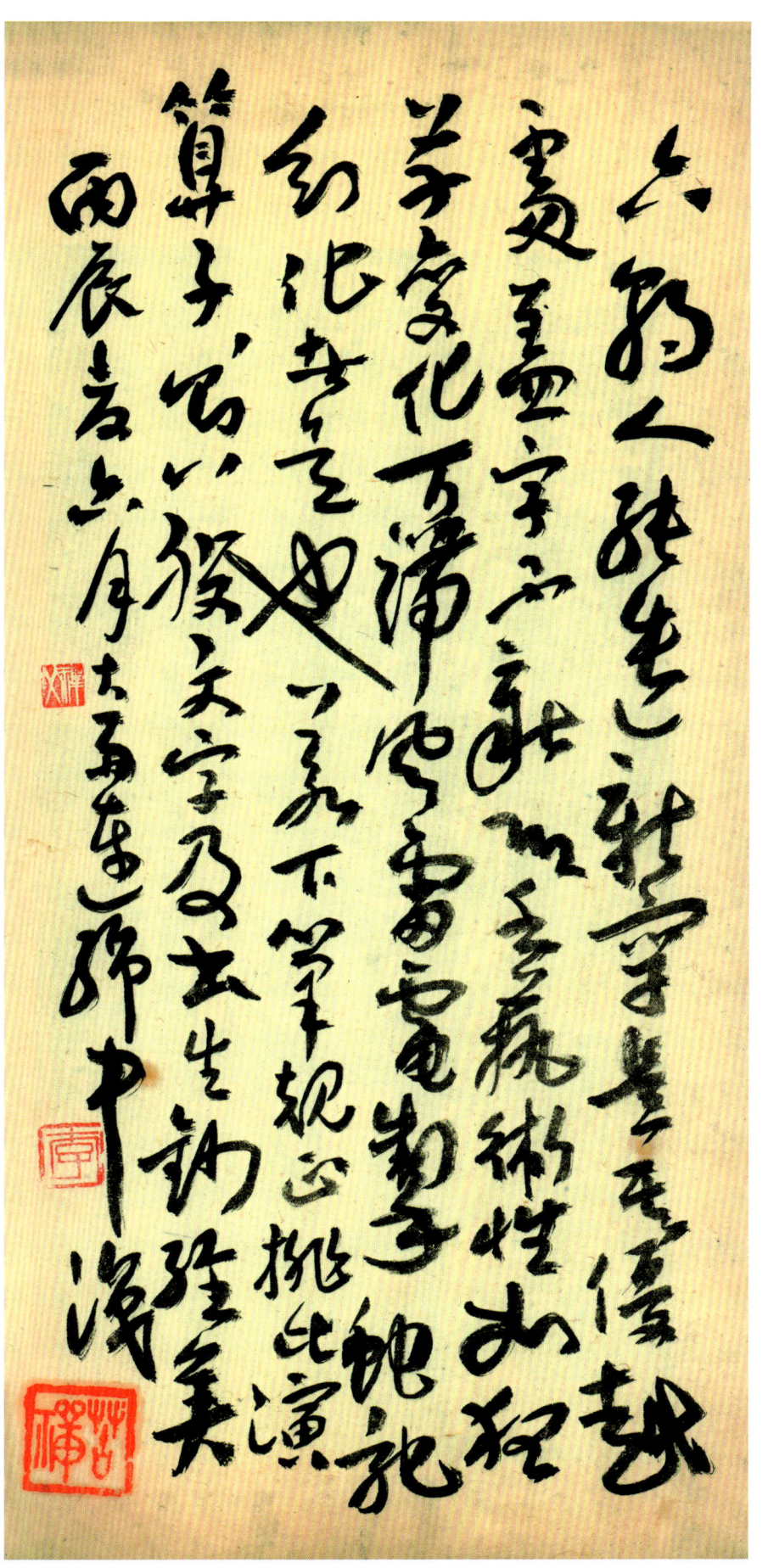

《龙门二十品》（三）题跋

《汉鄐①君开道记》

古碑，尤其摩崖②，年远日久而字画石痕岂屋漏跡（迹）③真珊瑚枝、金刚画矣！且石经风雨蚀，宛然山水画，可宝也！

庚子冬月得于陆氏。

（按：左上小字系原藏家手迹。庚子冬月即西元1961年初。）

① 鄐：音同处，古邑名，中国春秋时属晋，约在今河北省邢台市附近。鄐也作姓。

《鄐君开通褒斜道刻石》俗称《大开通》，东汉永平九年（公元66年）刻。原在陕西汉中褒谷石门山崖间，现存汉中市博物馆。其文记述了东汉明帝永平六年至永平九年（63—66）汉中太守鄐君（失名）承修褒斜道之事。

② 摩崖：把文字直接书刻在山崖石壁上称"摩崖"。

③ 屋漏痕：书法用语。比喻用笔如破屋壁间之雨水漏痕，其形凝重自然，故名。唐代陆羽《释怀素与颜真卿论草书》载颜真卿与怀素论书法：

怀素称："吾观夏云多奇峰，辄常效之，其痛快处，如飞鸟出林，惊蛇入草，又如壁坼之路，一一自然。"

颜真卿谓："何如屋漏痕？"

怀素起而握公手曰："得之矣！"

又，南宋姜夔《续书谱》称："屋漏痕者，欲其无起止之迹。"

碑元其三歷季崖年遠日久而字畫石痕豈僅屋漏詠真珊瑚枝金剛杵畫矣且石涇風雨餘宛然山水畫可寶也庚子冬月得於陸氏

宣武門外求志卷內
大舍會館陸起元
贈 遠元為陸從煇蔚庭孫

《汉石存目》

云峰山等刻（石）附载之。

汉石存目二焉。《山左北朝石存目》[①]。

（按：此系苦禅老人书于光绪十五年刊印的《汉石存目二卷》扉页的笔迹）

[①]《山左北朝石存目》：尹彭寿撰，光绪八年（1882年）刊。录刻石目三十八种，包括郑羲碑、论经书诗、观海诗、云峰山题字十四种、飞仙室、中明坛、仙坛诗、铭告、石人名、大基山题字十一种，以及白驹谷、游盘题字、登云峰山记、云居馆、天柱山铭。

雲峰山等刻附載之
漢石存目二為
一左北朝石存目

《汉石存目》刊本题跋

《曹植碑》

古碑文篆隶相参者惟此碑耳。

碑在山东东阿县境，距黄河岸不远。此拓尚早，后拓已缺字多矣。

近闻碑尚存在，真大幸也夫！或东阿王①精灵仍显而冥冥中守护耶？

丁巳初冬月（1977年）题记于三里河。苦禅

---

① 东阿王：曹植（192—232），字子建。曹操与武宣卞皇后所生第三子，三国时魏国诗人。沛国谯（今安徽亳州）人。

古碑文艺篆隶相继者惟此碑乎丨碑在山东东阿县境距黄河岸不远此拓尚早後拓已缺字甚矣迈闾碑为存在焉大夫也吾东阿王植霊佣题而宴中守鹾邵起平三里河丁巳初冬月题 在禄

《曹植碑》拓片题跋

《法华寺碑》

北海此碑超于"李秀"及"麓山寺"等碑①,且拓之最早。闻碑亦毁矣!元赵松雪(书)②即多孕育于此,习此帖者当益珍之可也。

岁在甲寅春月,励公③。

(按:甲寅,即1974年,正值"四人帮"掀起批"黑画"妖风,被列入"黑画家"黑名单的苦禅老人心定如尊者,研习碑帖一如既往。当时苦禅老人幸藏于月坛小楼,不闻妖风之喧嚣,留下此篇手迹。)

①《李秀残碑》《麓山寺碑》:此两碑与《法华寺碑》皆为唐代著名书法家李北海的佳作。李北海:李邕(678—747),扬州江都人,唐玄宗时封为北海太守,故世称李北海。

②赵松雪:即赵孟頫,字子昂,号松雪道人,元代著名画家、书法家,其楷书尤负盛名——世称楷书四大家:欧阳询、颜真卿、柳公权、赵孟頫。

③李苦禅(1899—1983),原名李英杰、李英,字超三、励公。

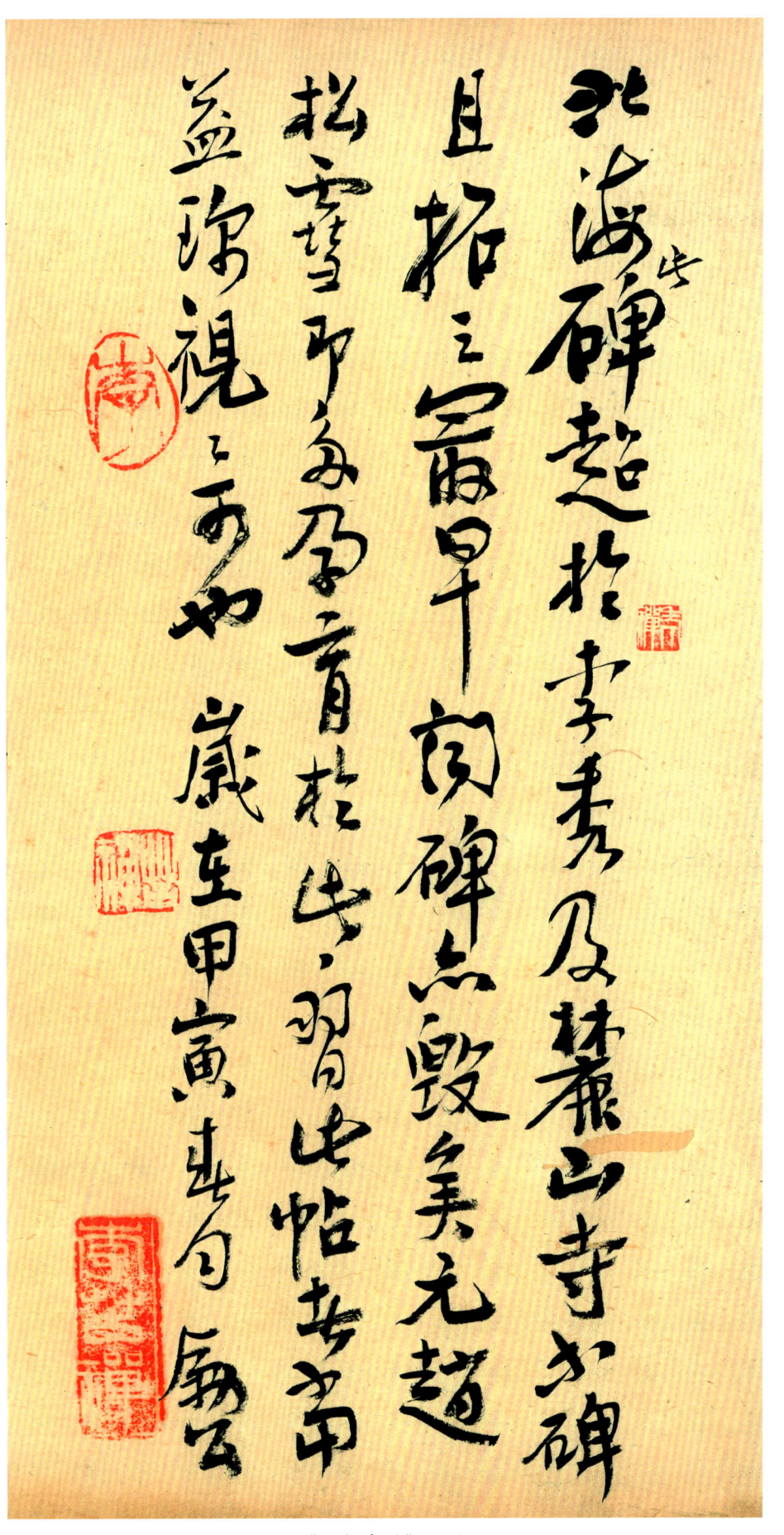

北海碑超妙者李秀及篆山寺か碑且拓之最早肉碑点毀美无超拓雪所采盈盲於此習此帖专专盖臨视之如岁在甲寅悲有属云

《法华寺碑》题跋

汉隶《礼器碑》[1]

此拓本甚佳，笔画清新如近刻，确属明前拓本，拓工亦精。何其裱褙之平常耶！

励公[2]识[3]。

[1] 全称《汉鲁相韩敕造孔庙礼器碑》、又称《韩明府孔子庙碑》《鲁相韩勅复颜氏繇发碑》《韩勅碑》等。汉永寿二年（156年）刻，隶书。藏山东曲阜孔庙。无额。四面刻，均为隶书。碑阳16行，行36字，文后有韩勅等九人题名。碑阴及两侧皆题名。

此碑自宋至今著录最多，是一件书法艺术性很高的作品，历来被推为隶书极则。明郭宗昌《金石史》评云："汉隶当以《孔庙礼器碑》为第一""其字画之妙，非笔非手，古雅无前，若得之神功，非由人造，所谓'星流电转，纤逾植发'尚未足形容也。汉诸碑结体命意，皆可仿佛，独此碑如河汉，可望不可即也。"

[2] 李苦禅（1899—1983），原名李英杰、李英，字超三、励公。

[3] 识：此处念 zhì，音同治。义为标记。

此拓本甚佳筆劃清
晰刃近刻破屬明之前
拓本拓工尚精何其裝
褚之平常耶銅之淺

汉隶《礼器碑》拓本题跋

精拓《高灵庙碑》(一)

　　《高灵庙碑》粗细间出，大小错陈，比之"二爨①"(《爨宝子碑》《爨龙颜碑》)潇洒生动多矣。

　　临此帖者病以笔画屈曲，实则蛇足矣！　励公②识③。

---

　　① 爨：cuàn 地名、姓氏；古乌蛮、白蛮大姓，又是古地域名。魏晋南北朝时由今云南东部地区统治者爨氏大姓演变而成。

　　二爨：

　　爨宝子碑：全称为"晋故振威将军建宁太守爨府君墓"碑，立于东晋"大亨四年"(405年)，现存于曲靖一中。《爨宝子碑》碑文的书体艺术别致且有趣致，笔画结体在隶楷之间，还有篆书遗姿，极具刚健雄强的时代艺术特征。国学大师康有为先生对《爨宝子碑》赞不绝口，在其所著《广艺舟双辑·碑品》中称它"朴厚古茂，奇姿百出，当为正书古石第一"。

　　爨龙颜碑：全称"宋故龙骧将军护镇蛮校尉宁州刺史邛都县侯爨使君之碑"，南朝刘宋孝武帝大明二年(458年)立。此碑是宁州刺史爨龙颜的墓碑，又称大爨碑。爨龙颜为当时云南东北部爨氏首领，世袭本地官职。碑文追伤痛爨氏渊源及本人的生平事迹，文章为爨道庆所作，文体具有魏晋风范，骈俪酣畅；碑文书法独具一格，在中国书法史上绝无仅有，其书法形体被称为爨体，颇受历代书家所赞赏，康有为称其为"楷隶极则"、"古今正书第一"，评为"神品第一"，是研究汉字书法演变的珍贵资料。

　　两爨碑具有重要文物价值——建安十年(205年)，曹操以"天下凋敝"而下令禁立墓碑。咸宁四年(278年)晋武帝司马炎下诏："碑表私美，兴长虚伪，莫甚于此，一禁断之"。南朝一仍旧制而禁碑甚严，故刻石寥寥，直至北魏后方才解除碑禁。故而在我国书法史上，出现了"南(朝)碑少而帖多、北(朝)碑多而帖少"的独特现象，然而，两爨碑，尤其是立于禁碑甚严的南朝刘宋时期的"爨龙颜碑"，便成为这一时期唯一现存的碑刻。唯其如此，后人将两爨碑称之为"南碑瑰宝"，这是恰如其分的。

　　② 李苦禅(1899—1983)，原名李英杰、李英，字超三、励公。

　　③ 识：此处念 zhì，音同治。义为标记。

高灵庙碑粗细词出大小错陈比之二爨尚洒生动多矣临此帖者病以笔画一屈曲实则勇乃深蛇足矣

精拓《高灵庙碑》(一)题跋

精拓《高灵庙碑》（二）

后碑泐①甚，不可辨，未知是否高灵庙碑阴。

前则方笔，后则圆画，拙致如出一辙。

如常读之，加以体会，一似败壁陈纸，久审观之，山川峰峦，来陇（龙）去脉，幻变如真，陈于目前胸次②矣！习此帖者何独不然？

励公③又识④。

① 泐：音为 lè、lěi，此处音读 lěi。名词义：石头因风化遇水而形成的裂纹；如，泐，水石之理也（《说文》）。动词义：1. 裂开；解裂；如，石有时以泐，水有时以凝，有时以泽，此天时也（《周礼·考工记》）；2. 铭刻，用刻刀书写；如，泐石。

② 胸次：心里；心情，如，胸次畅快。胸怀，如，胸次宽广。

③ 李苦禅（1899—1983），原名李英杰、李英，字超三、励公。

④ 识：此处念 zhì，音同治。义为标记。

后碑泐甚，不可辨，未知是否后则圆画重搨致剥出一种高灵庙碑阴前则方笔之常坏之加人体会一似效之陈邦久寓观山川峰峦束陈於省自有胸次之狐幻变如其生矣习此怡吾何独不然

精拓《高灵庙碑》（二）题跋

《精拓云峰山诗刻》石印本

　　此碑虽缩小而拓尚早，或三百年前[①]所拓也。与原拓对照，借资参考，颇切用耳。

　　乙巳（1965年）秋记。

① 题记时间是 1965 年，李苦禅先生写"三百年前"是指此帖的拓印时间大约是清康熙四年（1665年）左右。

精拓雲峯山詩刻

此碑雖縮小而拓為早戎三百年所拓也与原拓對照借資參效頗切用耳 乙巳祥記

《精拓云峰山诗刻》石印本题跋

旧拓《七姬权厝①志》

《七姬厝志》为宋仲温②之佳书，向已闻于海内，好事者多争谋一觏（睹）而不可得。七姬同殉③，七人事跡（迹）固异于常，实多赖于宋公书法以传也。

乙巳（1965年）秋尾励公④记

① 厝：音同"错"，本义为像山崖形；动词义为安置，措置；停柩，把棺材停放待葬或浅埋以待改葬。

　权厝：临时置棺待葬。宋何薳《春渚纪闻·殡柩者役于伽蓝》：建中靖国间，有时相夫人，终于相府，未获护葬还里，权厝城外普济寺。

② 宋克：(1327—1387) 明代书法家，字仲温，一字克温，自号南宫生，长洲（今江苏苏州）人，是明代初期闻名于书坛的书法家"三宋二沈"之一。与高启等称十友，诗称十才子。洪武初为凤翔同知。素工草隶深得钟、王之法，笔精墨妙，风度翩翩。并工写竹，虽寸冈尺堑，而千篁万玉，雨叠烟生，萧然无尘俗之气。宋克的书法，在明代颇享盛名，与当时擅长书法的宋璲、宋广合称"三宋"（三人并非同里同族，只同姓）。"二沈"：沈度、沈粲兄弟，二人同时以书法知名。

③ 元末明初张士诚的女婿潘元绍被徐达打败，怕他的七个妾被夺，即逼令她们一齐自缢，七人死后合葬于苏州，明代张羽为作墓志，称为《七姬权厝志》。

④ 李苦禅 (1899—1983)，原名李英杰、李英，字超三、励公。

七姬墓誌為宋仲溫之佳書，向已閟於海內好事家多年。謀一觀而不可得，七姬同殉之了臻固異於常，實多賴於宋公書法以傳也。乙巳秋尾暘子記

旧拓《七姬权厝志》题跋

李北海《定风碑》

孟𬤇全由此帖脱出，信不误也，或者云李北海①碑人多不重视，而且知者不广，自赵孟𬤇经临后李碑遂彰著矣！

丁巳年（1977年）秋月苦禅识②题。

① 李北海：李邕（678—747），扬州江都人，唐玄宗时封为北海太守，故世称李北海，我国唐代著名书法家。
② 识：此处念 zhì，音同志。义为标记。

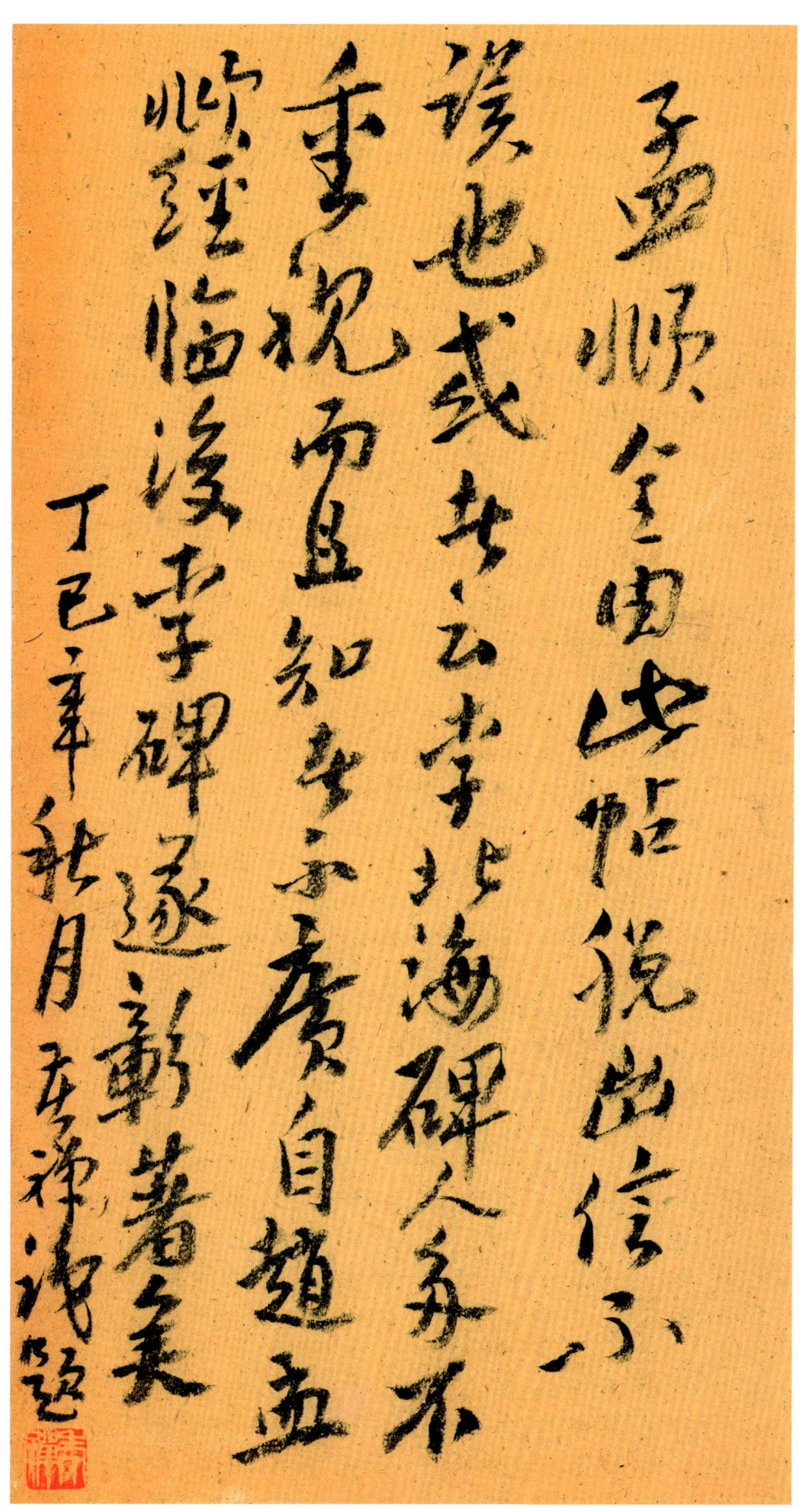

李兆海《定风碑》题跋

《李克用[①]题记铭》

唐李克用书仅见此本,亦凤毛麟角之可宝贵也。

癸卯(1963年)岁暮苦禅记。

[①] 李克用(856—908):封晋王,其子李存勖建后唐时追尊为后唐太祖。李克用性格勇猛,是唐末一代将领;沙陀部人,别号"李鸦儿"。因李克用一目失明,故又号"独眼龙"。其父朱邪赤心,唐懿宗赐姓名李国昌,李克用早年随父出兵镇压庞勋起义,常冲锋陷阵,军中称之为"飞虎子"。

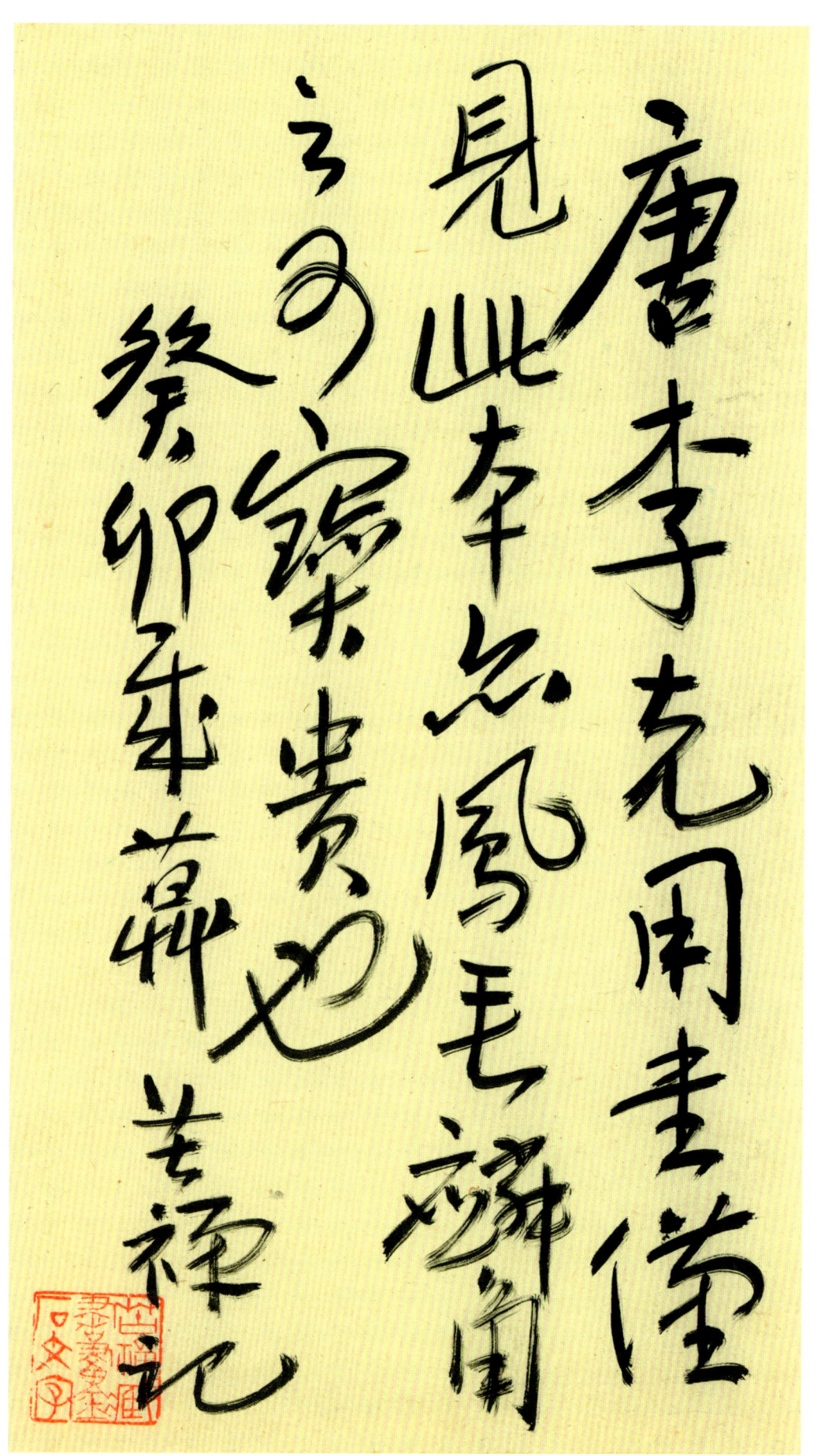

唐李克用书僅見此本忽風毛麟角耳乃寞貴也癸卯年苦禅記

《李克用题记铭》题跋

柳公权书《玄秘塔碑①》

此帖拓之甚早，笔画钩竖尚皆清晰，毫无漶②泐③之处，值今益为至宝也。岁在庚申（1980年），中秋后三日，云淡老人。

（按：苦禅先生偶自称"云淡老人"。）

①《玄秘塔碑》：全称《唐故左街僧录内供奉三教谈论引驾大德安国寺上座赐紫大达法师玄秘塔碑铭并序》，唐裴休撰文，柳公权书并篆额。《玄秘塔碑》立于唐会昌元年（841年）十二月，碑在陕西西安碑林。楷书28行，行54字。

刘熙载《艺概》谓："柳书《玄秘塔》出自颜真卿《郭家庙》"，王世贞云："柳法道媚劲健，与颜司徒媲美"。《玄秘塔》是柳公权64岁时所书。王澍《虚舟题跋》说此书是"诚悬极矜练之作"。

② 漶：huàn，音同换，义为模糊。如：漶化（布、纸等上的颜色因受潮或浸水而变得模糊）；漶灭（模糊，无法辨识）；漶漫（模糊不清）。

③ 泐：音为 lè、lěi，此处音读 lěi。名词义：石头因风化遇水而形成的裂纹；如，泐，水石之理也（《说文》）。动词义：1.裂开，解裂；如，石有时以泐，水有时以凝，有时以泽，此天时也（《周礼·考工记》）；2.铭刻，用刻刀书写；如，泐石。

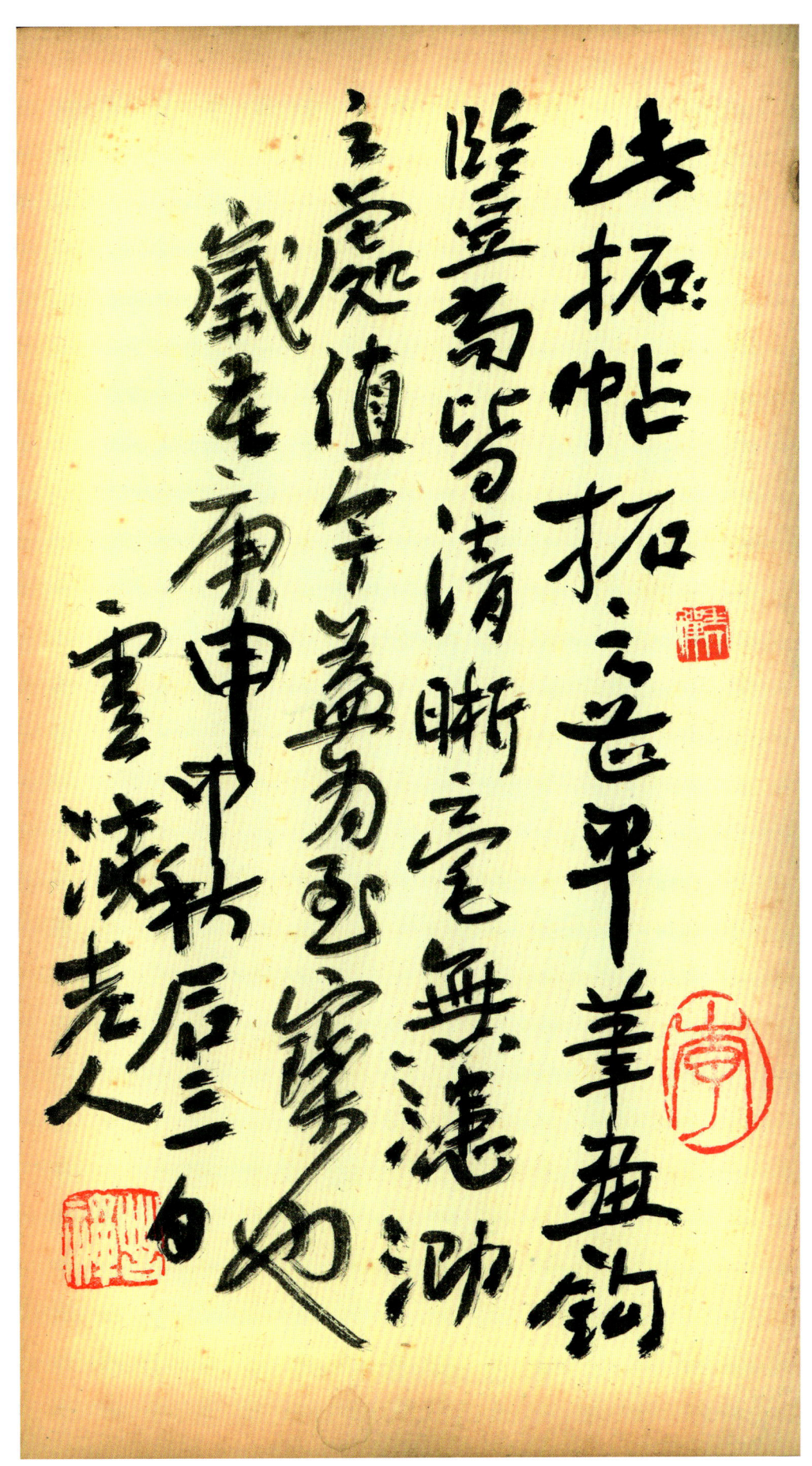

此拓帖拓之乏甲筆盡鈎監處皆清晰毫無漶汕之處值余無事忽見家人氣至庚申中秋后雲淡老人

柳公權書《玄秘塔碑》題跋

《鲁孔子庙之碑》①

　　此碑微兼篆隶，亦字体通变之特出者。笔画灵活，构造自然，如天真小儿，行止无定。习此碑者宜与《曹子建碑》②列为一门。

　　①《鲁孔子庙碑》：又名《孔羡碑》，魏（曹魏）黄初元年（220年）刻。篆书题额"鲁孔子庙之碑"，碑文隶书22行，行20字，记曹魏封孔子二十一世孙、议郎孔羡为宗圣侯，使奉祀孔子、修理孔庙等事。《隶释》称《鲁孔子庙碑》是曹植文，梁鹄书。康有为也认为此碑是鹄所书。

　　②《曹子建碑》：又名《曹植碑》《陈思王曹子建庙碑》《陈思王碑》。隋文帝开皇十三年（593年）刊立，碑字楷书，杂以篆隶俗体，22行，行43字；现在山东东阿西八里鱼山祠内。

此碑微近篆隶然字体通矣之特出者笔画灵活挥洒自如天真烂漫行之此心此碑者宜与画子使碑刻为此碑者宜与画子使碑刻为

《鲁孔子庙之碑》题跋

司马温公《神道碑》

苏（东坡）楷书当以此帖为第一。

乙巳（1965年）年夏晨于京寓识[①]。禅

[①] 识：此处念 zhì，音同治。义为标记。

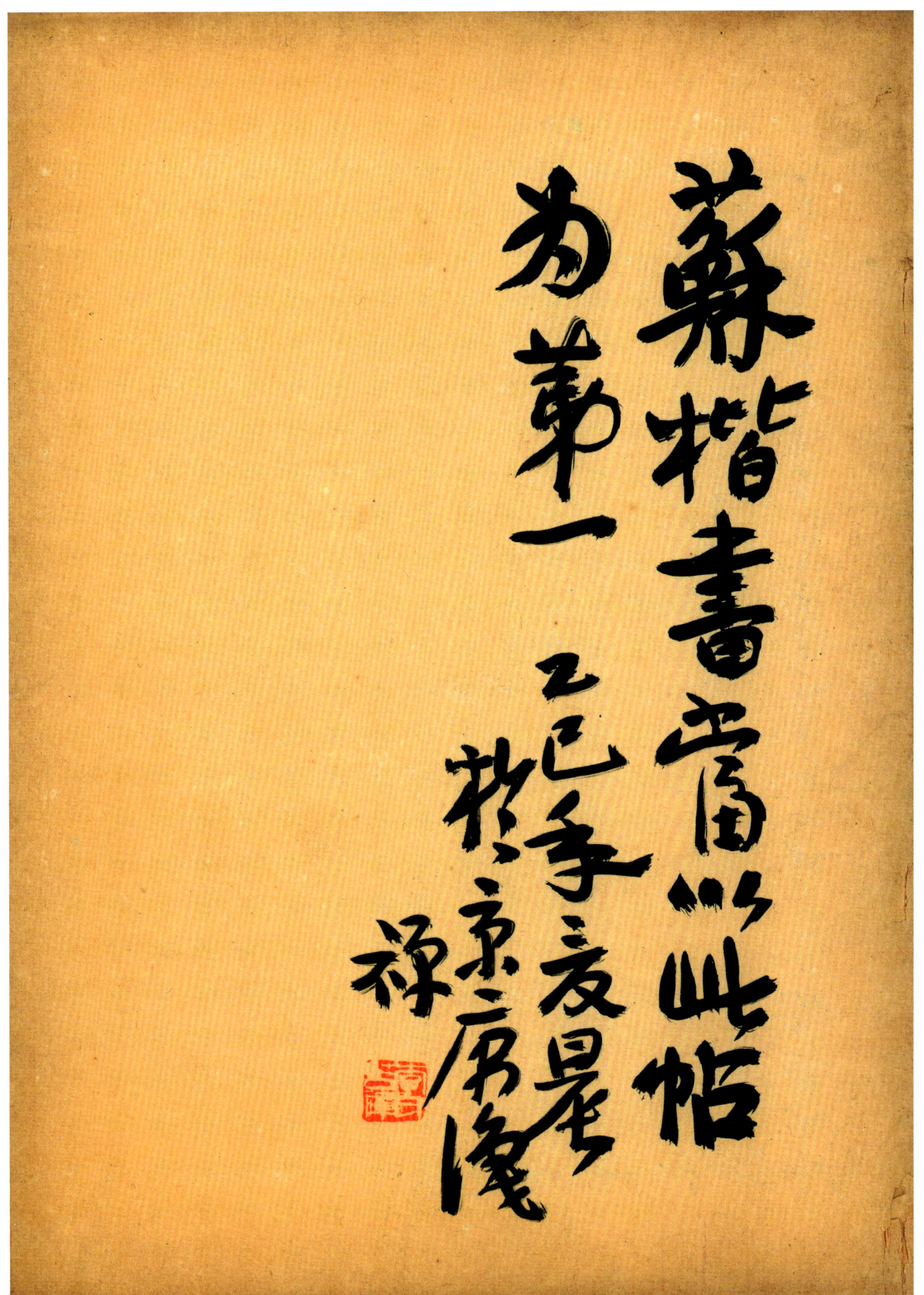

司马温公《神道碑》题跋

《天柱山铭》

是帖拓尚早，唯拓工太劣耳。

摩崖①帖每处高峻，阔大搨（拓）之必搭高架，工人模糊刷之而已。

摩崖搨（拓）工之劣几成通病也。

癸卯（1963年）禅识②。

① 摩崖：把文字直接书刻在山崖石壁上称"摩崖"。如汉碑中之《石门颂》，魏碑中郑道昭之云峰山题诗、题名等。

② 识：此处念 zhì，音同治。义为标记。如：封识——封好的标记；出珠授之，封识宛然。

吴帖拓高早懂小石太方一耳廣崖帖无宴高峻潤大揭言必搭言高架工人模糊刷言令匕廣山崖揚工言苦篆未通一病也 穆倩

《孝慈墓志铭》

　　欧体盖孕育（于）此墓志，故书法家习欧者即追源委于此帖，构体挺秀谨严。实可宝也。禅

欧体鲜有育此墓志
故于元任家习殴者印此源
安于长帖楷佐抱
秀了遒严宽和密也禄

《孝慈墓志铭》题跋

后记

此书的主要内容本应在"发现曹操墓"的那年出版,但因《李苦禅全集》(八卷)的立项提上日程,便首先投入到全集的浩大工作之中。又相继迎来大型艺术文献电视片《百年巨匠·李苦禅》的一系列工作,所以此书迟迟未能付梓。

今年春节,应上海图书馆邀请,在该馆举办了苦禅先生收藏金石拓本与相关手稿的展览,观众为如此独特的家学文物慨叹不已,反响甚佳,遂令我又萌生了速出此书的念头。

因手头数种印刷品在几家出版社皆出版甚慢,竟有跨了三个年度而逾协议之期者,实在无可奈何。今幸有学苑出版社出版此书,亦不误我文化交流之需也。是为后记。

2018 年暮春

李燕于禅易轩

图书在版编目（CIP）数据

广义石头记：苦禅先生藏碑帖题跋选/李燕编著.－北京:学苑出版社，2018.11
 ISBN 978-7-5077-5579-4

Ⅰ．①广… Ⅱ．①李… Ⅲ．①金石－拓本－题跋－汇编－中国 Ⅳ．①K877.24

中国版本图书馆CIP数据核字(2018)第245683号

出 版 人：孟 白
责任编辑：洪文雄
书名题字：李 燕
封面设计：李 燕
出版发行：学苑出版社
社　　址：北京市丰台区南方庄2号院1号楼
邮政编码：100079
网　　址：www.book001.com
电子信箱：xueyuanpress@163.com
联系电话：010-67601101（销售部） 67603091（总编室）
印 刷 厂：北京盛通印刷股份有限公司
开本尺寸：889×1194　1/16
印　　张：10.5
字　　数：140千字
版　　次：2018年11月第1版
印　　次：2018年11月第1次印刷
定　　价：86.00元